CONTENTS

2

INTRODUÇÃO

Acredito que todo novo líder ou gerente já teve essa dúvida, ou pelo menos a maioria esmagadora. O que devo fazer e como agir? Como ser respeitado? Como construir uma boa equipe liderando-a?

Aqui você terá uma direção por onde ir, um guia para você poder se aperfeiçoar e se tornar um grande líder.

Essa será uma leitura rápida e dinâmica, uma lista com tópicos e abordando todos os pontos que precisamos entender para ser um grande líder.

De nada adiantará ter o conhecimento e não colocá-lo em prática, então eu faço um desafio!

Siga as dicas, faça os treinamentos necessários, e dentro de 6 meses ou menos, espero que lembre e reflita, tenho plena certeza que se fizer estará em uma posição de sucesso como um excelente líder e verá o quão valioso são esses conhecimentos.

Complemente seu estudo, aprofunde-se onde sentir que é necessário, nenhum livro do mundo possui conhecimento suficiente sobre qualquer assunto que seja, a melhoria continua é eterna.

Guarde esse livro e use-o como guia neste seu início de jornada, desejo-lhe sucesso, que você alcance todos seus objetivos, obrigado e boa leitura.

COMEÇANDO A ENTENDER

Vamos abordar de início algumas coisas que são necessárias ter conhecimento, as funções e o que se espera de um gerente por exemplo.

A gerência, também conhecida como gestão, refere-se ao processo de planejar, coordenar, dirigir e controlar os recursos e atividades de uma organização, equipe ou projeto para atingir objetivos específicos. É um componente essencial em qualquer empreendimento, seja ele uma empresa, uma instituição governamental, uma organização sem fins lucrativos ou qualquer outra forma de organização.

As funções de um gerente podem variar dependendo do nível hierárquico, do tipo de organização e do setor em que atuam. No entanto, de maneira geral, as principais funções de um gerente incluem:

1. Planejamento: Definir metas e objetivos claros, criar planos estratégicos e táticos para alcançar esses objetivos e estabelecer a direção geral da equipe ou departamento.

2. Organização: Alocar recursos, designar tarefas e responsabilidades, criar estruturas organizacionais eficientes e estabelecer processos para otimizar o fluxo de trabalho.

3. Liderança: Inspirar, motivar e orientar os membros da equipe, fornecendo direção e suporte para que eles alcancem seu potencial máximo.

4. Tomada de Decisões: Analisar informações, considerar alternativas e tomar decisões informadas que afetam a equipe, o departamento ou a organização como um todo.

5. Comunicação: Estabelecer canais eficazes de comunicação, garantir que a equipe esteja informada sobre as metas e diretrizes e facilitar o diálogo entre os membros da equipe e outras partes interessadas.

6. Monitoramento e Controle: Acompanhar o progresso em relação às metas, avaliar o desempenho individual e da equipe, identificar desvios e tomar medidas corretivas quando necessário.

7. Desenvolvimento de Pessoas: Identificar as necessidades de treinamento e desenvolvimento da equipe, fornecer feedback construtivo, promover o crescimento profissional e apoiar o desenvolvimento das habilidades dos membros da equipe.

8. Resolução de Problemas: Identificar desafios e obstáculos, encontrar soluções criativas e implementar estratégias para superar problemas.

9. Gestão de Conflitos: Abordar conflitos internos de maneira construtiva, mediar disputas e garantir um ambiente de trabalho colaborativo e harmonioso.

10. Representação: Representar a equipe ou departamento em reuniões com outras partes interessadas, como clientes, fornecedores ou colegas de outras áreas.

11. Gestão de Projetos: Supervisionar a execução de projetos, garantindo que sejam concluídos dentro do prazo e do orçamento estabelecidos.

12. Inovação e Melhoria Contínua: Promover a inovação dentro da equipe ou departamento, identificar oportunidades de melhoria e implementar práticas mais eficientes.

13. Gestão de Recursos Financeiros: Gerenciar orçamentos, controlar custos e alocar recursos financeiros de maneira eficaz.

14. Estabelecimento de Parcerias e Relações Externas: Desenvolver e manter relacionamentos com parceiros, clientes, fornecedores e outras partes externas que afetam a operação da equipe ou departamento.

15. Planejamento Sucessório: Identificar e desenvolver talentos dentro da equipe, preparando sucessores e garantindo a continuidade das operações.

Lembre-se de que as funções de um gerente podem ser adaptadas às necessidades específicas da organização e do contexto em que estão atuando. Um bom gerente é capaz de equilibrar essas diversas funções para alcançar resultados eficazes e contribuir para o sucesso da equipe e da organização como um todo.

Seguindo agora com as funções de um líder, lembrando que pode ser a mesma pessoa, um gerente que também é um líder, ou um líder de equipe, não fique confuso, o objetivo será o mesmo.

Então quando eu for me referir posso usar qualquer um dos dois de agora em diante, geralmente líder.

As funções de um líder estão relacionadas ao seu papel de influenciar, inspirar e orientar uma equipe em direção ao alcance de metas e objetivos. Algumas das principais funções de um líder incluem:

1. Definir Visão e Objetivos: Um líder deve estabelecer uma visão clara e inspiradora para a equipe, definindo metas e objetivos que guiem as atividades e esforços.

2. Inspirar e Motivar: O líder deve motivar e inspirar os membros da equipe, criando um ambiente positivo e encorajador para que eles se empenhem ao máximo.

3. Comunicação Efetiva: Transmitir informações e diretrizes de maneira clara e aberta, promovendo a comunicação entre os membros da equipe e garantindo que todos estejam alinhados com os objetivos.

4. Tomada de Decisões: Lidar com decisões difíceis, considerar diferentes perspectivas e fazer escolhas informadas que beneficiem a equipe e a organização.

5. Desenvolvimento de Equipe: Identificar o potencial de cada membro da equipe, fornecer feedback construtivo, promover o desenvolvimento de habilidades e criar oportunidades de crescimento profissional.

6. Delegação: Atribuir tarefas e responsabilidades apropriadas a cada membro da equipe, garantindo que as habilidades individuais sejam aproveitadas de maneira eficaz.

7. Gestão de Conflitos: Resolver conflitos e disputas dentro da equipe de maneira construtiva e colaborativa, promovendo um ambiente de trabalho harmonioso.

8. Modelagem de Comportamento: Ser um exemplo de ética, integridade e profissionalismo, demonstrando os valores e comportamentos que deseja ver em sua equipe.

9. Feedback e Reconhecimento: Fornecer feedback regular sobre o desempenho da equipe, reconhecer conquistas e contribuições individuais e coletivas.

10. Liderança pelo Exemplo: Liderar com autenticidade e integridade, demonstrando paixão, dedicação e comprometimento com os objetivos da equipe.

11. Desenvolvimento de Relações: Cultivar relacionamentos positivos e construtivos com os membros da equipe, colegas, parceiros e outras partes interessadas.

12. Inovação e Criatividade: Encorajar a geração de ideias criativas e a busca por soluções inovadoras para os desafios enfrentados pela equipe.

13. Gestão de Mudanças: Lidar com mudanças organizacionais, comunicar eficazmente as mudanças à equipe e ajudar os membros a se adaptarem a novas situações.

14. Empoderamento: Capacitar os membros da equipe a tomar decisões e assumir responsabilidades, promovendo um senso de propriedade e autonomia.

15. Resiliência: Manter a calma e a confiança em momentos de pressão ou adversidade, demonstrando resiliência e liderança estável.

16. Criação de Cultura: Estabelecer uma cultura organizacional positiva, inclusiva e colaborativa, que promova o engajamento e o desenvolvimento da equipe.

Cada líder pode abordar essas funções de maneira única, com base em sua personalidade, estilo de liderança e contexto organizacional. Um líder eficaz é capaz de equilibrar essas funções para criar um ambiente de trabalho produtivo, motivador e de alto desempenho.

Falando em personalidade, a seguir vamos falar sobre os tipos de liderança.

Existem vários tipos de liderança, cada um com suas características e abordagens distintas. Aqui estão alguns dos principais tipos de liderança:

1. Liderança Autocrática: Nesse estilo, o líder toma decisões de forma independente, com pouca ou nenhuma consulta aos membros da equipe. A autoridade é centralizada nas mãos do líder, e as diretrizes são estabelecidas sem considerar a opinião dos subordinados.

2. Liderança Democrática: Nesse estilo, o líder envolve os membros da equipe nas decisões e na resolução de problemas. O líder busca opiniões e contribuições de todos os membros antes de tomar uma decisão final. Isso promove um ambiente participativo e de colaboração.

3. Liderança Transformacional: Líderes transformacionais inspiram e motivam sua equipe por meio de uma visão inspiradora e um forte compromisso. Eles incentivam a inovação, o desenvolvimento pessoal e o crescimento, buscando não apenas atingir metas, mas também elevar a equipe a um nível superior de desempenho.

4. Liderança Transacional: Esse estilo de liderança se concentra em recompensar os membros da equipe pelo cumprimento de metas e pelo desempenho bem-sucedido. O líder oferece incentivos tangíveis, como recompensas financeiras, em troca de resultados positivos.

5. Liderança Carismática: Líderes carismáticos têm uma personalidade carismática e inspiradora que atrai seguidores. Eles são capazes de criar um forte vínculo emocional com a equipe, motivando-os a se esforçar para alcançar objetivos ambiciosos.

6. Liderança Situacional: Nesse estilo, o líder se adapta à situação e às necessidades específicas da equipe. Eles ajustam seu estilo de

liderança com base na maturidade e nas habilidades dos membros da equipe, proporcionando a orientação apropriada conforme necessário.

7. Liderança de Apoio: Líderes de apoio colocam o bem-estar e o desenvolvimento da equipe em primeiro lugar. Eles oferecem suporte emocional, encorajamento e mentorias para promover o crescimento individual e o sucesso coletivo.

8. Liderança Servidora: Nesse estilo, o líder coloca as necessidades da equipe em primeiro lugar e se concentra em servir e apoiar os membros da equipe. Eles trabalham para criar um ambiente de trabalho colaborativo e de respeito mútuo.

9. Liderança Laissez-Faire: Nesse estilo, o líder oferece liberdade significativa para os membros da equipe tomarem decisões e completarem suas tarefas. O líder fornece orientação mínima e permite que os membros da equipe exerçam autonomia.

10. Liderança Coach: Líderes no estilo coaching se concentram no desenvolvimento das habilidades e potencialidades individuais da equipe. Eles fornecem orientação, feedback e suporte contínuos para ajudar os membros a alcançar seu pleno potencial.

11. Liderança Visionária: Líderes visionários têm uma visão clara do futuro e inspiram a equipe a trabalhar em direção a essa visão. Eles comunicam uma imagem convincente do destino desejado e motivam a equipe a se esforçar para alcançá-lo.

É importante notar que um líder não precisa se limitar a apenas um estilo de liderança. Muitos líderes adotam uma abordagem flexível, utilizando diferentes estilos de acordo com a situação e as necessidades da equipe. O estilo de liderança escolhido pode influenciar significativamente o ambiente de trabalho e o desempenho da equipe.

E obviamente o mais eficaz é o que condiz mais com seu ambiente e com sua personalidade. Pontos como maturidade da equipe contam muito para saber como lidera-los.

Perfil de líder

O perfil de um líder engloba uma combinação de características, habilidades e qualidades que o capacitam a guiar, inspirar e influenciar positivamente as pessoas ao seu redor. Embora não haja um perfil único que se aplique a todos os líderes, aqui estão algumas características comuns que muitos líderes eficazes possuem:

1. Integridade: Líderes são modelos a serem seguidos. A integridade é fundamental para construir confiança e respeito entre a equipe e os liderados.

2. Comunicação Eficaz: A habilidade de se comunicar claramente, ouvir atentamente e transmitir mensagens de maneira convincente é crucial para manter a equipe informada e engajada.

3. Empatia: Líderes empáticos entendem as emoções e perspectivas dos membros da equipe, permitindo-lhes fornecer apoio adequado e tomar decisões sensíveis.

4. Visão e Inspiração: Um líder visionário é capaz de articular uma visão inspiradora e motivar os outros a trabalhar em direção a objetivos comuns.

5. Habilidade de Delegar: Delegar tarefas e responsabilidades adequadamente demonstra confiança na equipe e permite que cada membro contribua de maneira significativa.

6. Habilidade de Tomar Decisões: Líderes tomam decisões difíceis com base em informações e considerando as consequências. Eles são capazes de assumir a responsabilidade por suas escolhas.

7. Habilidades de Coaching e Desenvolvimento: Líderes eficazes ajudam seus liderados a crescer, desenvolvendo suas habilidades e fornecendo orientação e feedback construtivo.

8. Resiliência: Líderes enfrentam desafios e adversidades com calma e determinação, servindo como um exemplo de como superar obstáculos.

9. Habilidade de Construir Relacionamentos: Líderes cultivam relacionamentos positivos, promovendo um ambiente de trabalho colaborativo e inclusivo.

10. Adaptabilidade: Líderes devem ser capazes de se adaptar às mudanças e ao ambiente em constante evolução.

11. Autoconhecimento: Conhecer suas próprias forças, fraquezas e valores é fundamental para liderar com autenticidade e eficácia.

12. Capacidade de Inspirar Confiança: Líderes inspiram confiança por meio de suas ações, consistência e dedicação ao sucesso da equipe.

13. Paixão e Energia: Líderes apaixonados pelo que fazem transmitem entusiasmo e motivação para a equipe.

É importante observar que o perfil de um líder pode variar com base no contexto, na cultura organizacional e nas demandas específicas da função. Líderes podem desenvolver e aprimorar essas características ao longo do tempo por meio de treinamento, experiência e autodesenvolvimento contínuo.

Então você precisa identificar onde você está e o que precisará desenvolver.

Dessa forma aperfeiçoando suas habilidades.

Não existe nada que você não possa aprender se realmente quiser, porém é melhor escolher um tipo de liderança e de abordagem que mais combine com você, pois só assim conseguira fazer pelo tempo necessário e com a paixão igual você está agora lendo este livro. Caso contrário a chance de desistir é alta.

SERÁ NECESSÁRIO

Algumas coisas será essencial você saber, pois se você pretende liderar, você tem que saber o caminho certo?

Conhecimento extremo sobre o processo, linha de produção ou serviço que irá liderar.

Você pode não ser o melhor em determinada etapa do processo, porém você tem que saber fazer bem feito todas elas para saber cobrar e acima de tudo, ensinar de forma didática.

Você precisa estudar sobre didática e/ou fazer cursos de capacitação para sua equipe.

Para que a equipe sinta-se segura em cada um executar sua função sem vir perguntar cada virgula, você precisa oferecer os meios para que todos tenham acesso a esse conhecimento.

Manuais, cursos, palestrar, workshop e etc. Não economize recursos na hora de capacitar e treinar sua equipe, isso fará toda diferença.

Não seja o líder que massageia o próprio ego em ser o único a saber executar certo processo, não guarde nem monopolize conhecimento.

Ao não ter medo de ensinar tudo o que você sabe, somente por isso já é algo que comprova o por que você é o líder. O líder deve inspirar e ensinar, treinar e capacitar para que sua equipe execute todo trabalho do dia a dia sem a presença dele se for preciso. Dessa forma você poderá focar em criar estratégias e trabalhar em um aperfeiçoamento continuo.

Falar em público, falar com boa dicção, falar de forma clara. Você precisa se atentar a isso pois é necessário que saiba.

Vou colocar aqui pré-requisitos para que você estude e aprenda antes de dar continuidade e destrinchar os anteriormente comentado.

Falar em público é uma habilidade valiosa que pode ser desenvolvida com prática e técnicas adequadas. Aqui estão algumas dicas para ajudá-lo a aprimorar sua habilidade de falar em público:

1. Preparação:

- Conheça seu público-alvo: Entenda quem são as pessoas que você vai falar e adapte sua mensagem a elas.

- Organize seu conteúdo: Estruture sua apresentação com uma introdução, desenvolvimento e conclusão claros.

- Conheça o assunto: Esteja bem informado sobre o tópico que você está apresentando.

2. Prática:

- Ensaiar: Pratique sua apresentação várias vezes. Isso ajudará a melhorar sua confiança e fluidez.

- Gravação: Grave-se falando e assista para identificar áreas de melhoria, como linguagem corporal, entonação e ritmo.

3. Controle da Ansiedade:

- Respiração: Use técnicas de respiração profunda para reduzir a ansiedade antes de falar.

- Visualização: Imagine-se falando com confiança e sucesso antes da apresentação.

- Desenvolva a mentalidade certa: Encare a ansiedade como uma energia positiva que pode impulsionar sua performance.

4. Linguagem Corporal:

- Postura: Mantenha uma postura ereta e aberta, transmitindo confiança.

- Contato visual: Olhe para o público de forma natural e mantenha contato visual com diferentes pessoas.

- Gestos: Use gestos adequados para enfatizar pontos-chave.

5. Entonação e Ritmo:

- Variação: Alterne a entonação da voz para evitar monotonia.

- Ritmo: Mantenha um ritmo adequado para que o público possa acompanhar e processar as informações.

6. Engajamento do Público:

- Perguntas retóricas: Faça perguntas que estimulem o pensamento do público.

- Histórias e exemplos: Use histórias e exemplos para ilustrar pontos importantes.

7. Conteúdo Visual:

- Slides: Se usar slides, mantenha-os simples, com poucos pontos e imagens relevantes.

- Não leia: Evite ler diretamente os slides. Eles devem apoiar sua fala, não substituí-la.

8. Adaptação:

- Flexibilidade: Esteja preparado para adaptar sua apresentação com base nas reações e necessidades do público.

9. Interaja com o Público:

- Perguntas: Faça perguntas ao público para envolvê-lo e promover a participação.

- Respostas: Ouça atentamente as perguntas e responda de maneira clara e objetiva.

10. Feedback:

- Aprenda com a experiência: Após a apresentação, avalie o que funcionou e o que pode ser melhorado.

- Peça feedback: Peça a opinião de outras pessoas para obter insights sobre sua apresentação.

Lembre-se de que a prática é essencial para melhorar suas habilidades de falar em público. Quanto mais você praticar, mais confiante e eficaz se tornará ao se comunicar diante de uma plateia.

Uma dica particular, finja ensinar para alguém em frente ao espelho, parece idiota mas funciona pois você fixará o conteúdo e poderá falar sem gaguejar e sem demonstrar insegurança.

Slides ou tópicos anotados são fundamentais, pois você cria ancoras para te lembrar o caminho que deve seguir (no caso de uma apresentação ou treinamento).

Até mesmo em uma reunião em frente a toda sua equipe, leve um papel com tópicos, avise de antemão que as perguntas serão ao final.

Fale pausadamente, olhe para os olhos ou se não consegue, entre os olhos de cada um por cerca de 5 segundo, isso demonstrará autoridade e seriedade.

Treinar a dicção é fundamental para melhorar sua clareza e expressividade ao falar. Aqui estão algumas dicas e exercícios que podem ajudar:

1. Exercícios de Respiração:

- Respiração Profunda: Pratique inspirar profundamente pelo nariz e expirar pela boca. Isso ajuda a controlar o fluxo de ar ao falar.

- Exercício de Sopro: Coloque uma vela acesa à sua frente e sopre suavemente, mantendo a chama estável. Isso ajuda a regular o fluxo de ar.

2. Articulação de Sons:

- Exercícios de Articulação: Pratique a pronúncia clara de palavras difíceis, alongando os sons e movimentando a boca e os lábios.

- Leitura em Voz Alta: Leia textos em voz alta, prestando atenção especial à pronúncia das palavras.

3. Aquecimento Vocal:

- Sons de Vogais: Repita os sons das vogais (a, e, i, o, u) em diferentes tons e intensidades.

- Escalas Vocais: Faça escalas subindo e descendo em sua faixa vocal, explorando diferentes tons e sons.

4. Exercícios de Relaxamento:

- Massagem Facial: Massageie suavemente o rosto, mandíbula e pescoço para relaxar os músculos envolvidos na fala.

- Bocejo Exagerado: Faça bocejos exagerados para relaxar a mandíbula e a garganta.

5. Pronúncia de Consoantes:

- Exercícios de Consoantes: Pratique a pronúncia clara de consoantes, como "b", "d", "p", "t" e "k".

6. Língua e Boca:

- Exercícios de Língua: Realize movimentos com a língua, tocando diferentes partes da boca.

- Bocejo de Leão: Abra a boca o máximo que puder, esticando a língua para fora.

7. Leitura Expressiva:

- Leia Textos Diversos: Leia em voz alta diferentes tipos de textos, como notícias, poesia, ficção, etc.

- Variação de Entonação: Experimente variar a entonação e o ritmo ao ler para praticar a expressividade.

8. Gravações e Feedback:

- Grave-se Falando: Grave sua voz enquanto lê ou fala. Depois, ouça a gravação para identificar áreas de melhoria.

- Peça Feedback: Peça a amigos ou familiares para ouvirem e darem feedback construtivo.

9. Prática Diária:

- Dedique tempo diariamente para praticar esses exercícios, mesmo que por apenas alguns minutos.

Lembre-se de que a prática constante é essencial para melhorar sua dicção. Com o tempo e esforço, você verá melhorias na clareza, na pronúncia e na expressividade ao falar. Se desejar, também pode considerar aulas de voz ou terapia da fala com um profissional especializado para obter orientação personalizada.

Pare e pense que ridículo um líder que não fala corretamente.

Dói escutar isso? Provavelmente você fala com uma batata na boca então, trabalhe isso e mude, você consegue.

O ritmo ideal de fala pode variar dependendo do contexto, público-alvo e estilo de comunicação desejado. No entanto, aqui estão algumas diretrizes gerais para um ritmo de fala claro e eficaz:

1. Clareza: Certifique-se de pronunciar as palavras de forma clara e completa, evitando engolir sílabas ou palavras.

2. Pausas Adequadas: Inclua pausas naturais entre frases e ideias para permitir que o ouvinte assimile as informações. Pausas também podem ser usadas para enfatizar pontos importantes.

3. Variação de Ritmo: Alterne entre momentos de fala mais rápida e momentos mais lentos para manter o interesse do ouvinte e enfatizar pontos cruciais.

4. Evite Pressa Excessiva: Falar muito rapidamente pode dificultar o entendimento e deixar o ouvinte confuso. Procure um equilíbrio entre ritmo e clareza.

5. Adaptação ao Público: Ajuste seu ritmo de fala de acordo com o público. Em uma apresentação formal, por exemplo, você pode falar um pouco mais devagar para garantir que todos compreendam. Em uma conversa casual, um ritmo mais natural pode ser apropriado.

6. Enfatize Palavras-chave: Ao enfatizar palavras importantes, você ajuda o ouvinte a entender as informações essenciais.

7. Respiração Adequada: Respire naturalmente e não tenha medo de fazer pequenas pausas para recuperar o fôlego. Respirar ajuda a manter um ritmo constante.

8. Prática e Feedback: Grave-se falando e ouça a gravação para avaliar seu ritmo. Peça feedback a colegas ou amigos para determinar se você está falando rápido demais ou devagar demais.

9. Consciência de Sinais de Desinteresse: Esteja atento aos sinais de desinteresse do público, como olhares perdidos ou distração. Isso pode ser um indicativo de que você precisa ajustar seu ritmo ou fazer pausas para manter a atenção.

Lembre-se de que encontrar o ritmo ideal de fala é um processo de ajuste contínuo. Ao praticar e receber feedback, você pode aprimorar sua habilidade de se comunicar de maneira clara e envolvente.

Domínio ou conhecimento sobre linguagem não verbal é uma grande arma de um bom líder, pois indicará descontentamentos que não são falados, interesse, se você está no caminho certo entre diversos outros benefícios.

A linguagem não verbal é uma forma poderosa de comunicação que inclui gestos, expressões faciais, postura, tom de voz, contato visual e outros sinais não verbais. Esses elementos podem transmitir mensagens e emoções de maneira igual ou até mais impactante do que as palavras faladas. Aqui estão alguns aspectos importantes da linguagem não verbal:

1. Expressões Faciais: O rosto humano é incrivelmente expressivo. Sorrisos, franzir de sobrancelhas, olhares de surpresa ou felicidade são maneiras de transmitir sentimentos e reações emocionais.

2. Gestos: Movimentos das mãos, braços e corpo podem enfatizar pontos importantes, demonstrar confiança ou transmitir informações visuais. Gestos podem variar significativamente entre diferentes culturas.

3. Postura e Posição do Corpo: A maneira como você se senta ou fica de pé pode indicar interesse, confiança ou desinteresse. Manter uma postura ereta pode transmitir autoridade, enquanto uma postura relaxada pode sugerir abertura.

4. Contato Visual: O contato visual pode demonstrar confiança e interesse, mas também varia culturalmente. Manter contato visual com o público é especialmente importante ao falar em público.

5. Tom de Voz: Além das palavras, o tom de voz, o volume e a entonação podem expressar emoções e sentimentos. Um tom de voz confiante pode inspirar confiança, enquanto um tom nervoso pode criar uma impressão diferente.

6. Distância Pessoal: A proximidade física entre as pessoas pode indicar níveis de intimidade, conforto ou formalidade. Isso é conhecido como espaço pessoal e pode variar culturalmente.

7. Toque: Toques leves, como apertos de mão ou tapinhas nas costas, podem expressar amizade e conexão, mas também precisam ser sensíveis à cultura e ao contexto.

8. Expressões Corporais: A forma como você se move, caminha e ocupa o espaço também contribui para a linguagem não verbal. Uma pessoa que se move com confiança pode transmitir uma impressão positiva.

9. Sinais de Nervosismo: Coçar a cabeça, mexer nas mãos ou outros gestos nervosos podem indicar desconforto ou ansiedade.

10. Adaptação Cultural: É importante estar ciente de que a linguagem não verbal pode variar amplamente entre diferentes culturas. O que é interpretado como respeitoso em uma cultura pode ser visto como ofensivo em outra.

Dominar a linguagem não verbal pode aprimorar suas habilidades de comunicação, permitindo que você transmita mensagens claras e eficazes, crie conexões mais fortes com os outros e compreenda melhor as emoções e intenções dos outros.

Os sinais de descontentamento na linguagem não verbal podem variar dependendo da situação e da cultura, mas geralmente incluem expressões faciais, gestos e postura que indicam insatisfação, desconforto ou desagrado. Aqui estão alguns sinais comuns de descontentamento na linguagem não verbal:

1. Expressões Faciais:
   - Testa franzida
   - Sobrancelhas abaixadas
   - Olhar de desaprovação
   - Lábios pressionados ou tensionados

- Boca virada para baixo nos cantos

2. Postura Corporal:
   - Cruzar os braços
   - Encolher os ombros
   - Inclinar-se para trás
   - Evitar contato visual
   - Olhar para o lado ou para baixo

3. Gestos:
   - Agitar a cabeça negativamente
   - Mãos na cintura (um gesto de frustração)
   - Bater os dedos ou objetos com impaciência
   - Gestos bruscos ou abruptos

4. Tom de Voz:
   - Tom de voz sarcástico
   - Tom de voz monótono ou sem entusiasmo
   - Tom de voz alto ou agressivo

5. Movimentos Rápidos ou Nervosos:
   - Mexer nas mãos ou dedos de maneira inquieta
   - Mudar de posição frequentemente

6. Expressões de Impaciência:
   - Suspirar ou bufar
   - Olhar para o relógio
   - Olhar para o lado ou para cima, como se estivesse esperando algo

7. Distância Pessoal:
   - Afastar-se da fonte de descontentamento

- Criar espaço entre si e a pessoa ou situação desagradável

Lembre-se de que os sinais de descontentamento podem variar de pessoa para pessoa e em diferentes contextos culturais. Portanto, é importante considerar o contexto geral e a situação ao interpretar a linguagem não verbal de alguém. Além disso, é fundamental lembrar que a linguagem não verbal é apenas um aspecto da comunicação e deve ser considerada juntamente com outras pistas, como o que está sendo dito verbalmente.

Os sinais de contentamento na linguagem não verbal podem variar dependendo da pessoa e da cultura, mas geralmente incluem expressões faciais, gestos e postura que indicam satisfação, conforto ou felicidade. Aqui estão alguns sinais comuns de contentamento na linguagem não verbal:

1. Expressões Faciais:
    - Sorriso genuíno
    - Olhos brilhantes
    - Testa relaxada
    - Boca relaxada ou levemente curvada para cima

2. Postura Corporal:
    - Ombros relaxados
    - Postura ereta e aberta
    - Movimentos suaves e fluidos
    - Expressão facial relaxada e aberta

3. Gestos:
    - Aplaudir ou bater palmas
    - Levantar as mãos em comemoração
    - Movimentos amplos e positivos

4. Tom de Voz:

- Tom de voz alegre e entusiástico

- Riso ou risadas

- Fala clara e fluente

5. Movimentos Relaxados:

- Braços e pernas relaxados

- Gesticular com suavidade e naturalidade

- Respiração tranquila e ritmo cardíaco calmo

6. Contato Visual:

- Olhar direto nos olhos

- Olhar focado e envolvido

- Sorrir com os olhos (olhos sorridentes)

7. Expressões de Aprovação:

- Acenar com a cabeça em concordância

- Expressões de surpresa positiva

- Olhar para cima, como se estivesse pensando ou recordando algo agradável

8. Expressões de Relaxe:

- Suspirar de alívio

- Relaxar os ombros e o corpo em geral

Lembre-se de que a linguagem não verbal pode variar de pessoa para pessoa e em diferentes contextos culturais. Além disso, as pessoas podem exibir uma combinação de sinais de contentamento em diferentes situações. Portanto, é importante considerar o contexto geral e outras pistas de comunicação ao interpretar a linguagem não verbal.

Bom, agora você já consegue ter uma noção e ir atrás de desenvolver essas habilidades.

Obviamente que estou falando de uma manipulação benéfica, pois como visto anteriormente, um líder precisa ser idôneo, ter ética, pois se não sua jornada não será duradoura.

Certamente, posso fornecer informações sobre técnicas de influência e persuasão que são usadas de maneira ética e benéfica, especialmente em contextos profissionais e de comunicação. Aqui estão algumas técnicas que podem ser úteis:

1. Empatia: Demonstre genuíno interesse pelas necessidades e preocupações dos outros. Isso cria um ambiente de confiança e colaboração.

2. Comunicação Clara e Persuasiva: Use argumentos lógicos e convincentes para explicar seus pontos de vista ou propostas. Evite jargões e linguagem complexa.

3. Apresentação de Benefícios: Destaque os benefícios que a outra parte obterá ao concordar com sua proposta ou ideia.

4. Prova Social: Apresente evidências de que outras pessoas também concordam ou estão usando sua ideia/produto, mostrando que é uma escolha popular.

5. Autoridade: Mostre seu conhecimento e expertise na área relevante para construir confiança e credibilidade.

6. Reciprocidade: Ofereça algo de valor antes de fazer um pedido, criando um sentimento de obrigação para com você.

7. Escassez: Realce a exclusividade ou a escassez de uma oportunidade, produto ou serviço para incentivar a ação.

8. Comprometimento Consistente: Peça compromissos menores primeiro e, gradualmente, aumente a expectativa para obter um compromisso maior.

9. Histórias e Anedotas: Use narrativas envolventes para ilustrar pontos-chave e tornar sua mensagem mais memorável.

10. Feedback Construtivo: Ofereça feedback de maneira construtiva e positiva, focando nas ações e não na pessoa.

Lembre-se de que a manipulação, quando usada de maneira enganosa ou prejudicial, pode prejudicar relacionamentos e a confiança das pessoas. Portanto, é importante usar essas técnicas com responsabilidade e ética, sempre buscando o benefício mútuo e a construção de relações positivas.

A seguir informações que podem ser uteis também.

Identificar se você está sendo manipulado pode ser desafiador, mas estar ciente de certos sinais e padrões pode ajudá-lo a reconhecer quando alguém está tentando influenciá-lo de maneira enganosa. Aqui estão algumas dicas para identificar a manipulação:

1. Desconfiança Repentina: Se você começar a se sentir desconfortável ou desconfiado em uma interação, pode ser um sinal de que algo não está certo.

2. Pressão Excessiva: Se alguém está tentando forçá-lo a tomar uma decisão rápida ou fazer algo contra a sua vontade, isso pode ser um sinal de manipulação.

3. Isolamento: Manipuladores frequentemente tentam isolar você de amigos, familiares ou colegas para ter mais controle sobre você.

4. Elogios Exagerados: Elogios excessivos e não realistas podem ser uma tática para ganhar sua confiança e manipular suas ações.

5. Mudança de Assunto: Se alguém desvia constantemente a conversa quando você faz perguntas ou expressa preocupações, pode ser uma tentativa de evitar transparência.

6. Exploração de Emoções: Manipuladores frequentemente exploram emoções como culpa, medo ou simpatia para obter o que desejam.

7. Contradições ou Inconsistências: Se alguém muda constantemente sua história ou contradiz informações anteriores, isso pode indicar manipulação.

8. Controle de Informações: Manipuladores frequentemente controlam o acesso a informações para manter você no escuro.

9. Ignorar Limites Pessoais: Se alguém não respeita seus limites pessoais e continua a pressionar, isso pode ser um sinal de manipulação.

10. Sentimento de Culpa: Manipuladores muitas vezes fazem você se sentir culpado por não fazer o que eles querem.

11. Intuição: Preste atenção à sua intuição. Se algo não parece certo, pode ser um sinal de que você está sendo manipulado.

Lembre-se de que a comunicação honesta e aberta é essencial. Se você suspeita que está sendo manipulado, considere conversar com alguém de confiança sobre suas preocupações para obter uma perspectiva externa. Também é importante estabelecer limites claros e aprender a dizer "não" quando necessário.

Agora vamos falar de hipnose, sim isso mesmo, mas não quer dizer que você irá hipnotizar sua equipe igual pensou agora.

Quando não vemos o tempo passar assistindo algo prazeroso, estamos em estado hipnótico.

A seguir alguns conhecimentos para que você tire suas conclusões e pense em como isso pode lhe ser útil.

A hipnose é uma técnica complexa e sensível que envolve influenciar a mente subconsciente de alguém. Se você deseja aprender técnicas de hipnose para apresentações públicas ou outros contextos, é importante fazê-lo de maneira ética e respeitosa. Aqui estão algumas dicas gerais sobre como usar elementos da hipnose de forma responsável:

1. Aprenda com um Profissional: A hipnose é uma habilidade especializada que requer treinamento adequado. É altamente recomendável aprender com um profissional de hipnose qualificado e ético.

2. Concentre-se na Sugestão Positiva: Se você deseja usar técnicas de hipnose em apresentações públicas, concentre-se em sugestões positivas e motivacionais que inspirem e envolvam o público de maneira construtiva.

3. Use Linguagem Persuasiva: Utilize linguagem persuasiva que seja confiante e envolvente, mas sempre respeitando os limites éticos. Evite qualquer forma de manipulação negativa.

4. Desenvolva uma Voz Calma e Relaxante: Uma voz calma e relaxante pode ajudar a criar um ambiente propício para a receptividade. Mantenha um tom moderado e evite pressionar demais.

5. Estabeleça Rapport: Construa uma conexão genuína com seu público, o que pode torná-los mais receptivos às suas sugestões.

6. Utilize Histórias e Metáforas: Incorporar histórias e metáforas em sua apresentação pode ajudar a transmitir mensagens de forma eficaz e cativante.

7. Respeite as Individualidades: Lembre-se de que as pessoas têm diferentes níveis de receptividade à hipnose. Nunca force ninguém a participar ou a seguir suas sugestões.

8. Evite Conteúdo Sensível ou Intrusivo: Evite abordar questões sensíveis, traumas ou problemas emocionais em apresentações públicas. Mantenha o foco em conteúdo geral e positivo.

9. Incentive o Relaxamento: Introduza exercícios de relaxamento simples, como respiração profunda ou visualizações, para ajudar o público a se sentir mais à vontade.

10. Forneça uma Saída: Sempre ofereça uma saída ou uma opção para quem não deseja participar ou ser influenciado. Respeite a escolha de cada indivíduo.

11. Estude Ética e Responsabilidade: Antes de usar técnicas de hipnose em qualquer contexto, estude as diretrizes éticas e responsáveis associadas à prática da hipnose.

Lembre-se de que a hipnose é uma técnica poderosa que pode afetar as pessoas de maneira profunda. Use-a de forma ética, respeitosa e sempre com o consentimento das pessoas envolvidas. Se você deseja usar a hipnose profissionalmente, considere obter treinamento adequado de um profissional qualificado.

Agora preste bem atenção, leia e contando com o que leu anteriormente, pense em como isso é extremamente útil para liderar um equipe, seja em reuniões ou feedbacks individuais.

Prender a atenção da plateia durante uma apresentação é essencial para transmitir sua mensagem de forma eficaz e impactante. Aqui estão algumas dicas para ajudar você a prender a atenção da sua plateia:

1. Comece com um Gancho: Inicie sua apresentação com uma história, pergunta intrigante, estatística surpreendente ou uma citação impactante para capturar a atenção imediatamente.

2. Apresente um Problema ou Desafio: Introduza um problema relevante que seu público enfrenta e demonstre como sua apresentação oferecerá soluções ou insights valiosos.

3. Use Elementos Visuais: Utilize slides, imagens, gráficos e vídeos para complementar sua fala e manter o interesse visual da plateia.

4. Varie o Tom de Voz e Ritmo: Module sua voz para criar entonações diferentes e varie o ritmo da sua fala para manter o interesse auditivo da plateia.

5. Faça Perguntas Rhetóricas: Coloque perguntas retóricas ao público para envolvê-los mentalmente e estimular o pensamento.

6. Conte Histórias: Narrativas pessoais ou histórias cativantes podem fazer com que sua mensagem seja mais envolvente e memorável.

7. Use Humor com Moderação: Uma pitada de humor bem colocado pode relaxar a plateia e criar uma conexão emocional.

8. Faça Pausas Estratégicas: Use pausas intencionais para enfatizar pontos-chave, permitir que o público absorva a informação e criar suspense.

9. Faça Perguntas Diretas: Faça perguntas diretas à plateia para envolvê-los ativamente na apresentação.

10. Apresente Dados Interessantes: Compartilhe estatísticas, fatos intrigantes ou curiosidades relevantes que prendam a atenção da plateia.

11. Construa Antecipação: Crie expectativa ao introduzir tópicos que serão explorados mais adiante na apresentação.

12. Inclua Interatividade: Realize enquetes, perguntas para a plateia ou atividades breves para manter o engajamento.

13. Utilize Analogias e Metáforas: Use comparações inteligentes que facilitem a compreensão e tornem sua apresentação mais interessante.

14. Demonstre Paixão e Entusiasmo: Sua energia e entusiasmo contagiantes podem motivar a plateia a ficar envolvida.

15. Mova-se no Espaço: Andar pelo palco ou espaço de apresentação pode manter a atenção da plateia focada em você.

16. Apresente Resultados Surpreendentes: Compartilhe histórias de sucesso, resultados surpreendentes ou mudanças impactantes relacionadas ao tema.

17. Relacione-se com a Audiência: Mostre que você compreende e se importa com as necessidades e interesses da sua plateia.

18. Encoraje a Reflexão: Faça perguntas reflexivas que incentivem a plateia a pensar mais profundamente sobre o tema.

Lembre-se de que a variedade é a chave para manter a atenção. Use uma combinação dessas estratégias para criar uma apresentação envolvente e cativante que prenda a atenção da sua plateia do começo ao fim.

Conseguiu entender? Usar isso em qualquer conversa e situação, é um poder enorme para um líder.

SEJA UM PROFESSOR

Estudar sobre pedagogia, como ensinar é de importantíssima valia.

Pois se você vai liderar uma equipe de alta performance e eficiência, ela precisa ser construída, e para conseguir isso, você precisará treinar as pessoas ou saber como fazê-lo.

A pedagogia corporativa é uma abordagem educacional que visa promover o aprendizado contínuo e o desenvolvimento dos colaboradores dentro de um ambiente organizacional. Ela reconhece a importância da aprendizagem ao longo da vida como um fator chave para o sucesso das empresas e busca criar um ambiente propício para o desenvolvimento de habilidades, conhecimentos e competências dos funcionários.

A pedagogia corporativa envolve estratégias e práticas educacionais adaptadas ao contexto empresarial. Seu objetivo é melhorar o desempenho dos colaboradores, aumentar a produtividade e a inovação, e alinhar o desenvolvimento de competências com os objetivos da organização. Aqui estão alguns aspectos-chave da pedagogia corporativa:

1. Aprendizado Personalizado: Reconhece que cada indivíduo tem estilos de aprendizagem diferentes e oferece opções flexíveis para atender às necessidades de aprendizado de cada funcionário.

2. Desenvolvimento de Habilidades Específicas: Foca no desenvolvimento de habilidades técnicas, comportamentais e de liderança que são relevantes para o ambiente de trabalho.

3. Integração de Tecnologia: Utiliza tecnologias educacionais, como e-learning, plataformas de aprendizado online e aplicativos, para fornecer conteúdo de treinamento de maneira acessível e interativa.

4. Mentoria e Coaching: Incentiva a relação entre colaboradores mais experientes e menos experientes, facilitando a transferência de conhecimento e a orientação.

5. Programas de Treinamento e Capacitação: Oferece workshops, cursos e programas de treinamento para desenvolver habilidades específicas ou abordar necessidades de aprendizado identificadas.

6. Gamificação: Incorpora elementos de jogos em programas de treinamento para torná-los mais envolventes e motivadores.

7. Feedback Contínuo: Estabelece uma cultura de feedback regular, permitindo que os colaboradores avaliem seu próprio progresso e identifiquem áreas de melhoria.

8. Avaliação de Desempenho: Vincula a aprendizagem ao desempenho dos colaboradores e mede os resultados obtidos por meio de avaliações de desempenho.

9. Aprendizado Social: Incentiva a colaboração e a troca de conhecimento entre os colaboradores, por meio de discussões em grupo, fóruns e redes internas.

10. Estratégias de Comunicação: Usa uma comunicação clara e eficaz para promover a importância do aprendizado e do desenvolvimento dentro da organização.

11. Criação de uma Cultura de Aprendizado: Promove uma cultura que valoriza o aprendizado contínuo, incentiva a experimentação e a busca por novos conhecimentos.

12. **Acompanhamento e Avaliação:** Avalia regularmente o impacto dos programas de aprendizagem no desempenho organizacional e faz ajustes conforme necessário.

A pedagogia corporativa é uma abordagem estratégica que reconhece que o aprendizado é um ativo valioso para as organizações e que investir no desenvolvimento dos colaboradores resulta em benefícios tangíveis, como maior motivação, satisfação e produtividade.

Ensinar um funcionário efetivamente envolve uma abordagem cuidadosa que considera a compreensão e as necessidades individuais. Aqui estão alguns passos que você pode seguir para ensinar um funcionário de maneira eficaz:

1. Avalie as Necessidades de Aprendizado: Antes de começar, avalie o conhecimento atual do funcionário e identifique as áreas que precisam de desenvolvimento. Isso ajuda a adaptar seu plano de ensino.

2. Defina Objetivos Claros: Estabeleça metas claras e mensuráveis para o aprendizado do funcionário. Isso ajuda a direcionar o ensino e fornece um senso de realização.

3. Crie um Plano de Aprendizado: Desenvolva um plano estruturado que inclua tópicos, recursos, atividades e prazos. Isso proporciona uma visão geral do processo de aprendizado.

4. Apresente Informações de Maneira Organizada: Divida o conteúdo em segmentos menores e organize-o de forma lógica para facilitar a compreensão.

5. Use Múltiplos Métodos de Ensino: Varie os métodos de ensino, como apresentações, discussões em grupo, exercícios práticos, estudos de caso e tutoriais. Isso ajuda a atender diferentes estilos de aprendizado.

6. Demonstre: Mostre como executar tarefas ou usar ferramentas. A aprendizagem prática é frequentemente mais eficaz do que apenas instruções verbais.

7. Fomente a Participação Ativa: Incentive os funcionários a fazer perguntas, compartilhar ideias e participar ativamente das atividades de aprendizado.

8. Feedback Contínuo: Forneça feedback regular sobre o progresso do funcionário. Destaque o que está sendo feito bem e sugira áreas para melhoria.

9. Incentive a Prática: Encoraje o funcionário a aplicar o que aprendeu no ambiente de trabalho. Isso solidifica o aprendizado e mostra como as novas habilidades podem ser úteis.

10. Adapte-se às Necessidades Individuais: Reconheça que cada funcionário tem um ritmo e estilo de aprendizado diferentes. Esteja disposto a ajustar sua abordagem conforme necessário.

11. Acompanhamento Regular: Realize verificações regulares de progresso para garantir que o funcionário esteja progredindo e fazer ajustes conforme necessário.

12. Mantenha-se Acessível: Esteja disponível para responder a perguntas e fornecer suporte adicional sempre que necessário.

13. Use Tecnologia e Recursos: Aproveite as ferramentas de aprendizado online, recursos digitais e materiais de referência para enriquecer o processo de ensino.

14. Celebre Conquistas: Reconheça e celebre as conquistas do funcionário à medida que ele adquire novas habilidades e conhecimentos.

15. Promova o Autodesenvolvimento: Incentive o funcionário a buscar aprendizado contínuo e autodesenvolvimento, além das sessões de treinamento formais.

Lembre-se de que ensinar é um processo contínuo e individualizado. Adaptar sua abordagem de acordo com as necessidades e progresso do funcionário é fundamental para garantir um aprendizado eficaz e duradouro.

Obvio que você buscando construir uma equipe eficiente, auto gerenciável, engajada com os objetivos da empresa, você terá membros que simplesmente não possuem os requisitos para estar na equipe ou não possuem a vontade necessária de aprender e se desenvolver.

Sendo assim, você precisa estar muito atento e identificar potenciais, as vezes o indivíduo ainda não é tão eficiente ou não possui o conhecimento suficiente, mas você consegue ver que ele sendo lapidado e ensinado, será um membro sensacional e talentoso para sua equipe.

Não tenha medo de dar feedbacks, porém o faça individualmente de preferência e sempre se referindo ao trabalho e nunca a pessoa, dessa forma evitando a possibilidade de ofender o indivíduo.

Assim como disse no outro livro Manual Definitivo do Sucesso Empresarial, coloque o goleiro para defender no gol e o atacante para marcar o gol, não o contrário, as vezes o indivíduo não está desempenhando bem pois simplesmente ele está executando uma função que não é o seu perfil, e as vezes ele tem domínio de outra área que se sairia surpreendentemente bem e a pessoa daquela área o mesmo nada dele, ficou claro?

FERRAMENTAS NECESSÁRIAS

Um líder eficaz precisa dominar uma variedade de ferramentas organizacionais para gerenciar equipes, projetos e processos de maneira eficiente. Aqui estão algumas das ferramentas mais importantes que um líder pode precisar:

1. Plano de Projeto: Ferramentas de planejamento de projeto, como o diagrama de Gantt ou o método PERT, ajudam a organizar tarefas, definir prazos, alocar recursos e acompanhar o progresso de projetos.

2. Matriz de Responsabilidade: Uma matriz RACI (Responsável, Aprovador, Consultado e Informado) ajuda a definir papéis e responsabilidades de membros da equipe em projetos ou processos.

3. KPIs e Indicadores de Desempenho: O uso de KPIs (Indicadores-Chave de Desempenho) permite medir o progresso em relação a metas e avaliar o sucesso das atividades.

4. Matriz SWOT: Uma análise SWOT (Forças, Fraquezas, Oportunidades e Ameaças) ajuda a identificar fatores internos e externos que afetam a organização, auxiliando na tomada de decisões estratégicas.

5. Diagrama de Ishikawa (Espinha de Peixe): Ajuda a identificar e analisar as causas-raiz de um problema, sendo uma ferramenta valiosa para solução de problemas em equipe.

6. Brainstorming: Uma técnica criativa que estimula a geração de ideias e soluções em grupo.

7. Análise 5W2H: Uma abordagem para planejamento e execução de projetos, respondendo a perguntas como o quê, por que, quem, quando, onde, como e quanto.

8. Matriz de Decisão: Ajuda a analisar alternativas de decisão, avaliando critérios importantes para chegar a uma escolha informada.

9. Mapa de Processos: Visualiza a sequência de etapas de um processo, destacando pontos de decisão e oportunidades de melhoria.

10. Técnica de Pareto: Baseada no princípio de que a maioria dos resultados vem de uma minoria das causas, é útil para priorizar tarefas ou problemas.

11. Análise de Custos e Benefícios: Avalia os custos e benefícios de uma decisão ou projeto para tomar decisões informadas.

12. Técnicas de Comunicação Eficaz: Inclui técnicas de comunicação assertiva, escuta ativa e feedback construtivo.

13. Planejamento de Sucessão: Prepara a organização para a substituição de líderes e membros-chave da equipe, garantindo continuidade.

14. Técnicas de Delegação: Habilidades para atribuir tarefas de maneira eficiente, levando em consideração as habilidades e capacidades da equipe.

15. Negociação e Resolução de Conflitos: Habilidades para chegar a acordos e resolver conflitos de maneira construtiva.

16. Técnicas de Motivação: Estratégias para inspirar e incentivar a equipe a atingir metas e objetivos.

17. Feedback e Avaliação de Desempenho: Técnicas para fornecer feedback construtivo e avaliar o desempenho da equipe.

18. Gestão do Tempo: Ferramentas para planejar, priorizar e gerenciar o tempo de forma eficaz.

19. Técnicas de Coaching: Habilidades de coaching para apoiar o desenvolvimento e crescimento individual da equipe.

20. Técnicas de Apresentação: Habilidades para criar e entregar apresentações persuasivas e envolventes.

Lembrando que a escolha das ferramentas a serem utilizadas dependerá das necessidades específicas da organização, das equipes e dos projetos. Um líder versátil é capaz de adaptar e aplicar essas ferramentas de maneira adequada para alcançar resultados eficazes e promover o crescimento da equipe e da empresa.

Agora a seguir falarei um pouco sobre essas técnicas e ferramentas que são essenciais, faça simulações, estude e complemente esse conhecimento, é essencial você saber executar todas com os olhos fechados, pois só assim você irá conseguir identificar todas as situações para usa-las de imediato.

Plano de Projeto

Um plano de projeto é um documento que descreve em detalhes como um projeto será executado, monitorado e controlado. Ele serve como um guia para todos os envolvidos no projeto e ajuda a garantir que o trabalho seja concluído de maneira eficaz e dentro do prazo. Aqui estão os passos para criar um plano de projeto:

1. Defina os Objetivos do Projeto:

   - Identifique o objetivo principal do projeto e as metas específicas que você deseja alcançar.

2. Identifique as Partes Interessadas:

   - Liste todas as partes interessadas no projeto, incluindo membros da equipe, patrocinadores, clientes e outros envolvidos.

3. Desenvolva a Declaração do Escopo:

   - Especifique o escopo do projeto, ou seja, o que será incluído e o que será excluído do trabalho.

4. Crie uma EAP (Estrutura Analítica do Projeto):

   - Divida o projeto em tarefas menores e organize-as em uma estrutura hierárquica.

5. Defina as Atividades e Sequência de Tarefas:

   - Liste todas as atividades necessárias para concluir cada tarefa e determine a sequência em que elas serão realizadas.

6. Estime os Recursos Necessários:

   - Identifique os recursos, como pessoas, equipamentos e materiais, necessários para cada atividade.

7. Estime a Duração das Atividades:

   - Estime o tempo necessário para concluir cada atividade e determine a duração total do projeto.

8. Crie o Cronograma do Projeto:

- Use as estimativas de duração das atividades para criar um cronograma detalhado do projeto.

9. Atribua Responsabilidades:

- Designe membros da equipe para cada atividade e defina as responsabilidades de cada um.

10. Desenvolva um Orçamento:

- Liste os custos associados a cada atividade e crie um orçamento geral para o projeto.

11. Identifique os Riscos:

- Liste os riscos potenciais que podem afetar o projeto e desenvolva planos de mitigação para cada um.

12. Desenvolva um Plano de Comunicação:

- Especifique como a comunicação será gerenciada entre a equipe do projeto, partes interessadas e outros envolvidos.

13. Defina Critérios de Sucesso:

- Estabeleça critérios claros para medir o sucesso do projeto, como prazo, qualidade e metas atingidas.

14. Crie um Plano de Monitoramento e Controle:

- Especifique como o projeto será monitorado, incluindo métricas, relatórios e cronogramas de revisão.

15. Desenvolva um Plano de Qualidade:

- Defina os padrões de qualidade que serão aplicados ao projeto e como a qualidade será verificada.

16. Finalize o Plano:

- Revisar e finalizar todos os elementos do plano de projeto, garantindo que estejam completos e coerentes.

17. Comunique o Plano:

- Compartilhe o plano de projeto com todas as partes interessadas e obtenha aprovação.

18. Execute o Projeto:

- Implemente o plano de acordo com o cronograma e as atividades definidas.

19. Monitore e Controle o Projeto:

- Acompanhe o progresso do projeto, compare com o plano e tome medidas corretivas conforme necessário.

20. Conclua e Avalie o Projeto:

- Ao final do projeto, avalie o sucesso com base nos critérios definidos e documente as lições aprendidas.

Um plano de projeto bem elaborado é uma ferramenta essencial para garantir que um projeto seja executado com sucesso e alcance seus objetivos. Certifique-se de que o plano seja claro, detalhado e realista, e esteja disposto a ajustá-lo à medida que o projeto avança e as circunstâncias mudam.

A Matriz de Responsabilidade, também conhecida como Matriz RACI, é uma ferramenta que ajuda a definir papéis e responsabilidades dentro de um projeto ou processo. O termo RACI é um acrônimo das palavras "Responsável", "Aprovador", "Consultado" e "Informado", que representam diferentes níveis de envolvimento e participação das pessoas em atividades específicas. Aqui estão os passos para criar uma Matriz de Responsabilidade:

1. Identifique as Atividades e Tarefas: Liste todas as atividades ou tarefas envolvidas no projeto ou processo que você deseja analisar.

2. Liste os Envolvidos: Identifique todas as pessoas ou funções que estão envolvidas nas atividades listadas.

3. **Atribua Papéis RACI:** Para cada atividade, atribua os seguintes papéis RACI para as pessoas ou funções envolvidas:

   - **Responsável (R):** A pessoa ou função responsável por executar a atividade.

   - **Aprovador (A):** A pessoa ou função que deve aprovar ou autorizar a conclusão da atividade.

   - **Consultado (C):** As pessoas ou funções que precisam ser consultadas durante a execução da atividade.

   - **Informado (I):** As pessoas ou funções que precisam ser mantidas informadas sobre o andamento da atividade.

4. **Preencha a Matriz:** Crie uma tabela com as atividades listadas nas linhas e os papéis RACI nas colunas. Preencha a matriz indicando quem é responsável, aprovador, consultado e informado para cada atividade.

5. **Revisão e Aprovação:** Compartilhe a Matriz de Responsabilidade com todas as partes envolvidas para revisão e

aprovação. Certifique-se de que as atribuições de papéis estejam claras e precisas.

6. **Atualização Contínua:** À medida que o projeto ou processo avança, mantenha a Matriz de Responsabilidade atualizada para refletir qualquer mudança nas responsabilidades ou participantes.

Exemplo de Matriz de Responsabilidade (Matriz RACI):

Atividade	Responsável	Aprovador	Consultado	Informado
Planejamento	João	Maria	Ana, Pedro	Equipe
Execução	Ana	João	Pedro	Equipe
Revisão de Qualidade	Pedro	Maria	Ana, João	Equipe
Aprovação Final	Maria		Ana, Pedro	Equipe

Lembre-se de que a Matriz de Responsabilidade é uma ferramenta dinâmica e colaborativa. Ela ajuda a garantir que todos os membros da equipe tenham clareza sobre seus papéis e responsabilidades, o que pode melhorar a comunicação e a eficiência do projeto ou processo.

KPIs e Indicadores de Desempenho

A coleta de KPIs (Indicadores-chave de Desempenho) é uma parte fundamental da avaliação e monitoramento do sucesso de um projeto, processo ou atividade. Aqui estão algumas etapas para coletar KPIs de maneira eficaz:

1. **Defina KPIs Relevantes:** Primeiro, identifique quais são os KPIs mais relevantes para o seu objetivo. Certifique-se de que eles sejam mensuráveis, relevantes, alcançáveis e tenham um prazo definido.

2. **Estabeleça Fontes de Dados:** Determine de onde os dados para calcular os KPIs serão obtidos. Isso pode incluir sistemas internos, planilhas, ferramentas de software, plataformas de análise, entre outros.

3. **Automatização:** Sempre que possível, busque automatizar a coleta de dados. Isso reduzirá erros humanos e economizará tempo. Muitos sistemas de gerenciamento oferecem integrações para coleta automática de dados.

4. **Defina Frequência de Coleta:** Determine com que frequência os dados serão coletados e atualizados. Isso pode variar dependendo da natureza do KPI e do ritmo do seu projeto ou processo.

5. **Designe Responsáveis:** Atribua responsáveis pela coleta e entrada dos dados. Certifique-se de que as pessoas encarregadas estejam cientes de suas tarefas e da importância da coleta precisa.

6. **Consistência:** Mantenha um processo consistente de coleta de dados ao longo do tempo. Alterações frequentes no processo podem prejudicar a comparabilidade dos resultados ao longo do tempo.

7. **Armazenamento Seguro:** Garanta que os dados coletados sejam armazenados de forma segura e acessível. Isso pode incluir backup regular e medidas de segurança adequadas.

8. **Validação dos Dados:** Antes de usar os dados para calcular os
KPIs, verifique se eles estão completos, precisos e atualizados. Isso
ajuda a garantir a confiabilidade dos indicadores.

9. **Aplicativos de Monitoramento:** Considere o uso de
aplicativos de monitoramento que automatizam a coleta de dados e
apresentam os KPIs de maneira visual e fácil de entender.

10. **Análise e Interpretação:** Não basta apenas coletar os dados.
Analise e interprete os resultados dos KPIs. Compare com metas
estabelecidas e tome medidas apropriadas com base nas tendências
identificadas.

11. **Feedback e Melhoria Contínua:** Use os insights dos KPIs
para fornecer feedback à equipe e realizar melhorias contínuas nos
processos e desempenho.

12. **Revisão Regular:** Periodicamente, reveja a eficácia dos
KPIs que você está coletando. Eles ainda são relevantes para os
objetivos do projeto? Se não, ajuste-os conforme necessário.

Lembre-se de que a coleta de KPIs deve ser uma atividade contínua
e colaborativa. Envolver a equipe na definição, coleta e análise dos
KPIs pode aumentar a compreensão e o comprometimento com os
objetivos do projeto ou organização.

Matriz SWOT

A matriz SWOT é uma ferramenta amplamente utilizada para análise estratégica que ajuda a identificar e avaliar os pontos fortes, pontos fracos, oportunidades e ameaças de uma organização, projeto ou situação. Aqui estão os passos para criar uma matriz SWOT eficaz:

1. **Identificação dos Fatores:**

   - Pontos Fortes (Strengths): Liste as características internas positivas da organização ou projeto, como recursos, competências e vantagens competitivas.

   - Pontos Fracos (Weaknesses): Liste as características internas negativas, como limitações, lacunas de habilidades ou recursos insuficientes.

   - Oportunidades (Opportunities): Liste fatores externos positivos que podem beneficiar a organização ou projeto, como tendências de mercado, novas demandas ou mudanças regulatórias.

   - Ameaças (Threats): Liste fatores externos negativos que podem representar desafios, como concorrência intensa, mudanças na indústria ou instabilidade econômica.

2. **Análise Cruzada:**

   - Analise como os fatores internos (pontos fortes e fracos) podem influenciar a resposta da organização às oportunidades e ameaças externas.

   - Considere como a organização pode aproveitar seus pontos fortes para aproveitar as oportunidades ou mitigar as ameaças, bem como como pode superar ou minimizar seus pontos fracos para enfrentar os desafios.

3. **Preenchimento da Matriz:**

   - Crie uma matriz com quatro quadrantes e coloque cada fator na categoria correspondente.

- Por exemplo, os Pontos Fortes vão no quadrante superior esquerdo, os Pontos Fracos no quadrante superior direito, as Oportunidades no quadrante inferior esquerdo e as Ameaças no quadrante inferior direito.

4. **Priorização:**

- Avalie a importância de cada fator para a organização ou projeto. Utilize critérios como impacto potencial, urgência e viabilidade.

- Classifique os fatores dentro de cada quadrante com base em sua relevância.

5. **Estratégias e Ações:**

- Com base na análise da matriz SWOT, desenvolva estratégias para capitalizar as forças, enfrentar as fraquezas, aproveitar as oportunidades e mitigar as ameaças.

- Defina ações específicas e metas para cada estratégia.

6. **Implementação e Acompanhamento:**

- Execute as estratégias e ações conforme planejado.

- Acompanhe o progresso e ajuste as estratégias conforme necessário com base em mudanças no ambiente interno e externo.

Lembre-se de que a matriz SWOT é uma ferramenta flexível e iterativa. Ela pode ser adaptada a diferentes contextos, como planos de negócios, projetos, tomada de decisões ou avaliação de produtos. O importante é usar a matriz SWOT como um guia para análise e planejamento estratégico, aproveitando os insights obtidos para tomar decisões informadas.

Diagrama de Ishikawa (Espinha de Peixe)

O Diagrama de Ishikawa, também conhecido como Diagrama de Espinha de Peixe ou Diagrama de Causa e Efeito, é uma ferramenta visual usada para identificar e analisar as possíveis causas de um problema específico. Ele ajuda a equipe a visualizar as relações entre diferentes fatores que podem contribuir para o problema. Aqui estão os passos para criar um Diagrama de Ishikawa:

1. **Identificação do Problema:**

   - Comece definindo claramente o problema que você deseja analisar. O problema deve ser específico e mensurável.

2. **Desenho da Espinha de Peixe:**

   - Desenhe uma linha horizontal no centro de uma folha de papel (ou use uma ferramenta de desenho no computador).

   - No lado direito da linha, desenhe uma "espinha" na vertical (como a espinha de um peixe). Isso é a representação da coluna central do diagrama.

3. **Categorias de Causas:**

   - Identifique as principais categorias amplas que podem contribuir para o problema. Essas categorias geralmente se referem a áreas específicas de influência, como Pessoas, Processos, Máquinas, Materiais, Ambiente etc.

   - Desenhe linhas diagonais a partir da espinha central, conectando-as às categorias. Essas linhas diagonais se assemelharão às "costelas" do peixe.

4. **Causas Específicas:**

   - Para cada categoria, brainstorm e identifique as causas específicas que podem estar contribuindo para o problema.

   - Desenhe linhas menores a partir das costelas para representar as causas específicas. Essas linhas formarão os "espinhos" do peixe.

5. **Análise de Causas:**

   - Analise cada causa específica e tente identificar as relações de causa e efeito entre elas e o problema principal.

   - Você também pode usar a técnica dos "5 Porquês" para explorar mais profundamente cada causa raiz.

6. **Priorização e Ações:**

   - Priorize as causas mais relevantes e significativas para o problema.

   - Desenvolva ações corretivas ou estratégias para abordar cada causa raiz identificada.

7. **Implementação e Acompanhamento:**

   - Execute as ações planejadas e acompanhe os resultados ao longo do tempo.

   - Se necessário, atualize o diagrama à medida que novas informações e insights surgirem.

Lembre-se de que o Diagrama de Ishikawa é uma ferramenta de análise colaborativa. É importante envolver membros da equipe que têm conhecimento e experiência relevantes para identificar causas e soluções de forma eficaz. Ao visualizar as causas de maneira clara e estruturada, você pode tomar medidas mais informadas para resolver problemas e melhorar processos.

Brainstorming

O brainstorming é uma técnica de geração de ideias em grupo que busca explorar soluções criativas para um problema ou desafio específico. Aqui estão os passos para realizar um brainstorming eficaz:

1. Defina o Objetivo:

- Comece definindo claramente o problema ou objetivo para o qual você deseja gerar ideias. Quanto mais específico e direcionado for o objetivo, melhor.

2. Escolha uma Equipe Diversificada:

- Reúna um grupo de pessoas com diferentes experiências, perspectivas e habilidades. Isso pode enriquecer a variedade de ideias geradas.

3. Ambiente Adequado:

- Crie um ambiente confortável e acolhedor para o brainstorming. Isso pode ser presencial ou virtual, mas deve ser um local onde todos se sintam à vontade para compartilhar ideias.

4. Estabeleça Regras Básicas:

- Explique as regras básicas do brainstorming, como não julgar ou criticar ideias, encorajar a participação de todos e incentivar a criatividade.

5. Livre Associação:

- Inicie a sessão de brainstorming com um exercício de livre associação. Peça a todos que compartilhem ideias rapidamente, sem se preocupar com a qualidade ou a viabilidade.

6. Geração de Ideias:

- Use técnicas de estímulo, como perguntas provocativas, imagens ou palavras-chave relacionadas ao problema.

- Encoraje os participantes a gerar o maior número possível de ideias, sem censura.

7. Construção sobre Ideias:

- À medida que as ideias são compartilhadas, outros participantes podem construir sobre elas ou combinar ideias para gerar soluções mais completas.

8. Registro das Ideias:

- Registre todas as ideias em um quadro branco, papel, flipchart ou software de colaboração em tempo real para que todos possam ver.

9. Discussão e Seleção:

- Após a sessão de geração de ideias, realize uma discussão sobre as ideias apresentadas.

- Peça aos participantes que justifiquem suas ideias e expliquem como elas podem ser aplicadas ao problema.

10. Seleção e Priorização:

- Vote nas ideias mais promissoras ou relevantes para o problema.

- Priorize as ideias com base em critérios como viabilidade, impacto, custo etc.

11. Desenvolvimento das Ideias Selecionadas:

- Trabalhe em conjunto para desenvolver e aprimorar as ideias selecionadas.

- Divida as ideias em tarefas ou ações específicas para implementação.

12. Ação e Acompanhamento:

- Designe responsáveis por cada ideia ou ação e estabeleça um plano de implementação.

- Acompanhe o progresso e os resultados ao longo do tempo.

Lembre-se de que o objetivo do brainstorming é gerar uma ampla gama de ideias, sem filtro inicial. Evite criticar ou descartar ideias prematuramente, pois a criatividade pode ser estimulada através da combinação e evolução de várias sugestões.

Análise 5W2H

A análise 5W2H é uma ferramenta de gestão que ajuda a planejar e executar projetos de forma eficaz, respondendo a sete perguntas-chave para garantir que todas as etapas e detalhes necessários sejam considerados. Aqui está como você pode fazer uma análise 5W2H:

1. **What (O que?)**: Defina a Tarefa ou Meta

   - Comece definindo claramente a tarefa, objetivo ou meta que você deseja realizar. Seja específico e detalhado.

2. **Why (Por que?)**: Justificativa

   - Explique por que essa tarefa é importante, quais são os benefícios de alcançar essa meta e como ela se alinha aos objetivos gerais.

3. **Who (Quem?)**: Responsáveis

   - Identifique as pessoas ou equipes que serão responsáveis por executar a tarefa ou alcançar a meta. Certifique-se de atribuir responsabilidades específicas.

4. **When (Quando?)**: Prazos e Cronograma

   - Estabeleça datas de início e conclusão para a tarefa ou projeto. Divida-o em etapas menores, se necessário, e defina prazos para cada uma.

5. **Where (Onde?)**: Localização

   - Se a tarefa tiver um local específico de execução, especifique onde ela será realizada. Isso é especialmente relevante para tarefas que envolvem diferentes locais ou departamentos.

6. **How (Como?)**: Métodos e Processos

   - Descreva os métodos, processos e recursos necessários para realizar a tarefa. Isso pode incluir ferramentas, materiais, tecnologias, etc.

7. **How Much (Quanto?)**: Recursos Financeiros

   - Estime os custos associados à tarefa, incluindo orçamento, investimentos, despesas operacionais, entre outros.

Aqui está um exemplo de como a análise 5W2H pode ser aplicada:

Tarefa: Lançar um novo produto no mercado.

1. **What (O que?)**: Desenvolvimento e lançamento de um novo produto.

2. **Why (Por que?)**: Para expandir o portfólio de produtos e atender às necessidades dos clientes.

3. **Who (Quem?)**: Equipe de Desenvolvimento de Produtos e Equipe de Marketing.

4. **When (Quando?)**: Início em 1º de março, conclusão até 30 de junho.

5. **Where (Onde?)**: Sede da empresa.

6. **How (Como?)**: Pesquisa de mercado, design, fabricação, marketing digital e campanha de lançamento.

7. **How Much (Quanto?)**: Orçamento estimado de R$100.000 para marketing e produção.

Ao usar a análise 5W2H, você garante que todos os aspectos da tarefa sejam considerados, definindo claramente o que precisa ser feito, quem será responsável, quando será feito, onde, como e por quanto custo. Isso ajuda a evitar lacunas, garantir a execução eficaz e alcançar os resultados desejados.

Matriz de Decisão

A matriz de decisão é uma ferramenta que ajuda a tomar decisões de forma estruturada, analisando critérios e opções. Aqui está como você pode fazer uma matriz de decisão:

Passo 1: Identifique o Problema ou Decisão

- Comece definindo claramente qual é o problema ou a decisão que você precisa tomar. Quanto mais específico e detalhado, melhor.

Passo 2: Liste as Opções

- Liste todas as opções ou alternativas possíveis que você está considerando em relação ao problema ou decisão.

Passo 3: Identifique os Critérios

- Liste os critérios ou fatores que são importantes para avaliar as opções. Por exemplo, se você estiver decidindo entre diferentes produtos para comprar, os critérios podem incluir preço, qualidade, durabilidade, entre outros.

Passo 4: Ponderação dos Critérios

- Atribua um peso ou importância relativa para cada critério, com base em sua relevância para a decisão. Você pode usar uma escala de 1 a 10, por exemplo, onde 10 é extremamente importante e 1 é pouco importante.

Passo 5: Avaliação das Opções

- Avalie cada opção em relação a cada critério. Use uma escala (por exemplo, de 1 a 5) para indicar o quão bem cada opção atende a cada critério.

Passo 6: Pontuação Total

- Calcule uma pontuação total para cada opção somando os valores atribuídos a cada critério, ponderados pelas respectivas ponderações.

Passo 7: Escolha da Melhor Opção

- A opção com a maior pontuação total geralmente é a mais adequada. No entanto, também é importante considerar o contexto e usar o julgamento para tomar a decisão final.

Aqui está um exemplo simplificado de como uma matriz de decisão pode ser aplicada:

Problema: Escolher um novo fornecedor para materiais de escritório.

1. Opções: Fornecedor A, Fornecedor B, Fornecedor C.

2. Critérios: Preço, Qualidade, Prazo de Entrega.

3. Ponderação dos Critérios: Preço (30%), Qualidade (50%), Prazo de Entrega (20%).

4. Avaliação das Opções:

Opção	Preço (30%)	Qualidade (50%)	Prazo (20%)	Pontuação Total
Fornecedor A	4	3	4	3.6
Fornecedor B	3	4	3	3.5
Fornecedor C	5	5	4	4.6

5. Escolha da Melhor Opção: Fornecedor C tem a maior pontuação total e atende melhor aos critérios.

A matriz de decisão ajuda a visualizar as informações de forma organizada e a tomar decisões informadas com base em critérios específicos.

Mapa de Processos

Um mapa de processos, também conhecido como fluxograma de processos ou diagrama de processos, é uma representação visual que descreve como um processo funciona, passo a passo. Aqui está como você pode criar um mapa de processos:

Passo 1: Identificação do Processo

- Escolha o processo que você deseja mapear. Pode ser um processo específico dentro de uma empresa, como o processo de atendimento ao cliente ou o processo de produção de um produto.

Passo 2: Identificação dos Elementos-Chave

- Liste as etapas principais do processo em ordem sequencial. Comece pelo início do processo e siga até o fim. Identifique as principais atividades, decisões e eventos que ocorrem em cada etapa.

Passo 3: Desenho das Etapas

- Desenhe símbolos ou formas para representar cada etapa do processo. Os símbolos mais comuns são retângulos para atividades, losangos para decisões, círculos para eventos de início/fim, setas para indicar a direção do fluxo e linhas de conexão entre os símbolos.

Passo 4: Adição de Detalhes

- Para cada etapa, adicione detalhes relevantes, como entradas (input), saídas (output), responsáveis pela execução e prazos. Isso ajuda a entender melhor como cada etapa se encaixa no processo geral.

Passo 5: Seqüenciamento e Fluxo

- Conecte as etapas do processo em ordem sequencial usando setas. Certifique-se de que o fluxo de trabalho seja claro e lógico, para que qualquer pessoa possa entender facilmente como o processo se desenrola.

Passo 6: Revisão e Validação

- Após criar o mapa de processos, reveja-o para garantir que todas as etapas estejam corretas e que o fluxo esteja lógico. Peça a outras pessoas envolvidas no processo para revisar e validar o mapa.

Passo 7: Documentação Adicional

- Você também pode adicionar informações adicionais, como métricas de desempenho, indicadores-chave de desempenho (KPIs) e detalhes sobre sistemas ou ferramentas usados em cada etapa.

Passo 8: Uso e Manutenção

- O mapa de processos pode ser usado como uma ferramenta de referência contínua para melhorar e otimizar o processo ao longo do tempo. Certifique-se de atualizá-lo conforme o processo evolui ou muda.

Existem várias ferramentas e softwares que podem ajudá-lo a criar mapas de processos, como Microsoft Visio, Lucidchart, draw.io e outros. Lembre-se de que a simplicidade e a clareza são essenciais para garantir que o mapa de processos seja compreendido por todos os envolvidos.

Técnica de Pareto

A Técnica de Pareto, também conhecida como Princípio 80/20, é uma ferramenta de análise que ajuda a identificar e priorizar os principais problemas ou causas dentro de um conjunto de dados. Ela se baseia na ideia de que a maioria dos resultados é gerada por um número relativamente pequeno de causas. Aqui está como você pode aplicar a Técnica de Pareto:

Passo 1: Identificação do Problema

- Comece identificando o problema ou conjunto de dados que você deseja analisar. Isso pode ser relacionado a reclamações de clientes, defeitos de produtos, erros de processo, etc.

Passo 2: Coleta de Dados

- Colete dados relevantes sobre o problema. Isso pode incluir informações como frequência, quantidade, custo, tempo, etc. Organize os dados em uma planilha ou tabela.

Passo 3: Classificação dos Dados

- Classifique os dados em ordem decrescente com base no critério escolhido (por exemplo, frequência, custo, impacto). Isso ajudará a identificar quais problemas ou causas são os mais significativos.

Passo 4: Cálculo das Porcentagens Cumulativas

- Calcule as porcentagens cumulativas para cada categoria. Isso envolve somar a porcentagem de cada categoria à porcentagem da categoria anterior. Isso ajuda a visualizar o impacto acumulado das categorias.

Passo 5: Criação do Gráfico de Pareto

- Crie um gráfico de barras, onde o eixo vertical representa a porcentagem cumulativa e o eixo horizontal representa as categorias classificadas. As barras devem ser organizadas da maior para a menor.

Passo 6: Identificação dos Principais Problemas

- Analise o gráfico de Pareto. Identifique a "linha de Pareto" que divide os principais problemas (categorias à esquerda da linha) dos problemas menores (categorias à direita). Foque seus esforços nas categorias à esquerda.

Passo 7: Ação Prioritária

- Concentre seus esforços na resolução dos principais problemas identificados pelo gráfico de Pareto. Isso ajudará a obter resultados mais significativos e eficientes.

Passo 8: Monitoramento

- À medida que você implementa soluções para os principais problemas, monitore os resultados e avalie se houve uma melhoria significativa. Isso pode envolver coletar novos dados e atualizar o gráfico de Pareto conforme necessário.

A Técnica de Pareto é uma ferramenta poderosa para priorizar esforços e recursos, concentrando-se nas áreas que têm o maior impacto. Ela pode ser aplicada em diversas situações, desde a melhoria de processos até a tomada de decisões estratégicas. Lembre-se de que a qualidade dos dados coletados e a precisão da classificação são fundamentais para obter resultados precisos e úteis.

Análise de Custos e Benefícios

A Análise de Custos e Benefícios é uma ferramenta utilizada para avaliar a viabilidade e tomar decisões informadas sobre projetos, investimentos ou ações. Ela envolve comparar os custos envolvidos em uma determinada iniciativa com os benefícios esperados. Aqui está como fazer uma análise de custos e benefícios:

Passo 1: Identificação do Projeto ou Decisão

- Comece identificando o projeto, investimento ou decisão que você deseja analisar. Defina claramente qual é o objetivo ou resultado esperado da iniciativa.

Passo 2: Listagem dos Custos

- Liste todos os custos diretos e indiretos associados à iniciativa. Isso pode incluir custos de aquisição de equipamentos, mão de obra, treinamento, manutenção, operação, etc. Certifique-se de incluir todos os custos relevantes.

Passo 3: Estimativa dos Benefícios

- Liste todos os benefícios esperados da iniciativa. Isso pode incluir aumento de receita, redução de custos, melhoria da eficiência, ganhos de produtividade, etc. É importante ser realista e fundamentar as estimativas com dados confiáveis.

Passo 4: Valoração dos Custos e Benefícios

- Atribua valores monetários aos custos e benefícios listados. Isso pode envolver estimativas baseadas em dados históricos, análise de mercado ou consultas a especialistas. Certifique-se de usar valores presentes (ajustados ao valor do dinheiro no tempo).

Passo 5: Cálculo do Custo Total e Benefício Total

- Some todos os valores dos custos para obter o Custo Total. Da mesma forma, some todos os valores dos benefícios para obter o Benefício Total.

Passo 6: Cálculo do Valor Presente Líquido (VPL)

- Calcule o Valor Presente Líquido (VPL), que é a diferença entre o Benefício Total e o Custo Total, descontados para o valor presente. Um VPL positivo indica que os benefícios superam os custos, tornando o projeto ou decisão viável.

Passo 7: Cálculo da Taxa Interna de Retorno (TIR)

- Calcule a Taxa Interna de Retorno (TIR), que é a taxa de desconto que torna o VPL igual a zero. A TIR indica a taxa de retorno esperada do investimento. Se a TIR for maior que a taxa mínima de retorno aceitável, o projeto pode ser considerado viável.

Passo 8: Análise e Tomada de Decisão

- Avalie o VPL, a TIR e outros indicadores financeiros relevantes. Considere também fatores qualitativos, riscos e incertezas. Com base na análise, tome a decisão de prosseguir ou não com a iniciativa.

Passo 9: Monitoramento e Revisão

- Após a implementação da iniciativa, monitore regularmente os resultados reais em comparação com as projeções. Se necessário, ajuste a análise de custos e benefícios com base nos resultados reais.

A análise de custos e benefícios é uma ferramenta poderosa para auxiliar na tomada de decisões informadas e maximizar o retorno sobre investimentos. Certifique-se de considerar todos os custos e benefícios relevantes e usar métodos apropriados de valoração e desconto para garantir resultados precisos.

Comunicar de forma eficaz é crucial em todos os aspectos da vida, seja no trabalho, em relacionamentos pessoais ou em situações sociais. Aqui estão algumas técnicas para melhorar sua comunicação:

1. **Escute Ativamente:**

   - Dê atenção genuína à pessoa que está falando.

   - Mantenha contato visual e demonstre interesse através de linguagem corporal positiva.

   - Faça perguntas de acompanhamento para esclarecer o que foi dito.

2. **Seja Claro e Conciso:**

   - Organize suas ideias antes de falar.

   - Evite jargões e terminologias complexas, a menos que tenha certeza de que seu interlocutor as compreenderá.

   - Fale de forma direta e use frases curtas e simples.

3. **Use Linguagem Não-Verbal Adequada:**

   - Seu tom de voz, expressões faciais e gestos devem estar alinhados com sua mensagem.

   - Mantenha uma postura aberta e relaxada para mostrar que está acessível.

4. **Empatia e Perspectiva:**

   - Tente entender a perspectiva da outra pessoa e considere seus sentimentos.

   - Mostre empatia ao responder, demonstrando que você se importa com suas preocupações.

5. **Feedback Construtivo:**

- Ofereça feedback de maneira construtiva e específica.

- Equilibre elogios com áreas que precisam de melhoria, fornecendo sugestões práticas.

6. **Comunique-se em Momentos Apropriados:**

- Escolha o momento certo para se comunicar, considerando o ambiente e a disponibilidade da outra pessoa.

7. **Use Exemplos e Histórias:**

- Exemplos e histórias relevantes podem tornar sua comunicação mais envolvente e compreensível.

8. **Habilidades de Pergunta:**

- Faça perguntas abertas para encorajar a discussão e obter informações detalhadas.

- Perguntas fechadas podem ser usadas para obter respostas específicas.

9. **Evite Julgamentos e Críticas:**

- Comunique-se de maneira neutra e evite emitir julgamentos precipitados.

- Concentre-se nos fatos e no comportamento observável.

10. **Adapte sua Comunicação:**

- Adapte seu estilo de comunicação ao seu público. O que funciona bem com uma pessoa pode não funcionar com outra.

11. **Pratique a Escrita Clara:**

- Ao escrever, use parágrafos curtos e diretos.

- Revise e edite seus textos para clareza e correção.

12. **Técnicas de Resolução de Conflitos:**

- Ao enfrentar conflitos, pratique a comunicação não violenta, ouça todas as partes envolvidas e procure soluções colaborativas.

13. **Use Humor com Cautela:**

- O humor pode quebrar o gelo, mas use-o com cuidado para não ofender ninguém.

14. **Pratique a Comunicação em Grupo:**

- Participe de discussões em grupo para desenvolver suas habilidades de comunicação em situações mais amplas.

15. **Autoconsciência:**

- Esteja ciente de suas próprias reações emocionais e como elas podem afetar sua comunicação.

- Se necessário, dê um passo atrás e respire fundo antes de responder.

Lembrando que a prática constante e a autoavaliação são essenciais para melhorar suas habilidades de comunicação. Quanto mais você se esforçar para se comunicar de forma eficaz, mais sucesso terá em transmitir suas ideias, influenciar positivamente e criar relacionamentos sólidos.

Planejamento de Sucessão

O planejamento de sucessão é uma estratégia vital para garantir a continuidade e o sucesso de uma organização a longo prazo, identificando e preparando líderes para assumir posições-chave. Aqui estão os passos essenciais para criar um plano de sucessão eficaz:

1. **Identifique Cargos-Chave:**

   - Determine quais posições são críticas para o funcionamento da organização e requerem planejamento de sucessão.

2. **Identifique os Sucessores Potenciais:**

   - Identifique indivíduos com o potencial de assumir as posições-chave no futuro.

   - Avalie suas habilidades, experiência e competências de liderança.

3. **Desenvolva um Perfil de Competências:**

   - Crie um perfil detalhado das habilidades, competências e qualidades necessárias para cada posição-chave.

4. **Avalie o Desempenho Atual:**

   - Avalie o desempenho dos candidatos potenciais em suas funções atuais.

   - Identifique áreas de força e oportunidades de desenvolvimento.

5. **Crie Planos de Desenvolvimento Individual:**

   - Para cada sucessor potencial, crie um plano de desenvolvimento personalizado com treinamento, experiências e mentorias que os preparem para a próxima posição.

6. **Mentoria e Treinamento:**

- Associe os sucessores potenciais a mentores ou líderes experientes.

- Proporcione treinamento formal e informal para desenvolver habilidades e conhecimentos.

7. **Promova a Rotatividade de Funções:**

- Dê aos sucessores potenciais a oportunidade de ganhar experiência em diferentes áreas da organização.

- Isso amplia sua compreensão do negócio e suas habilidades de liderança.

8. **Avalie Regularmente o Progresso:**

- Realize avaliações periódicas para verificar o progresso dos sucessores potenciais em relação aos objetivos de desenvolvimento.

9. **Revisão e Atualização Contínua:**

- Revise e ajuste regularmente o plano de sucessão à medida que a organização e as necessidades evoluem.

10. **Teste de Sucessão:**

- Realize testes de sucessão simulando cenários hipotéticos em que os sucessores potenciais devem liderar.

- Isso avalia sua capacidade de tomar decisões sob pressão.

11. **Comunicação Transparente:**

- Comunique os planos de sucessão para os envolvidos de forma clara e transparente.

- Mantenha os funcionários informados sobre as oportunidades de desenvolvimento.

12. **Monitoramento e Avaliação:**

- Acompanhe o desempenho dos sucessores após assumirem novas posições.

- Realize avaliações regulares para garantir que o plano de
sucessão esteja cumprindo seus objetivos.

13. **Flexibilidade e Adaptação:**

- Esteja preparado para ajustar o plano de sucessão conforme as
circunstâncias mudam, como a saída inesperada de um líder.

14. **Cultura de Aprendizado Contínuo:**

- Promova uma cultura de aprendizado e desenvolvimento em
toda a organização, incentivando a busca constante por crescimento
profissional.

15. **Alinhamento com a Estratégia Organizacional:**

- Assegure que o plano de sucessão esteja alinhado com os
objetivos e a estratégia de longo prazo da organização.

Um plano de sucessão bem elaborado pode garantir que a empresa
tenha líderes competentes prontos para assumir posições-chave
quando necessário, reduzindo interrupções e mantendo a
continuidade do negócio.

Técnicas de Delegação

A delegação eficaz é uma habilidade crucial para líderes e gestores, pois permite distribuir tarefas de forma adequada, desenvolver a equipe e otimizar o uso dos recursos. Aqui estão algumas técnicas para aprimorar a sua habilidade de delegação:

1. **Defina Objetivos Claros:**

   - Antes de delegar uma tarefa, certifique-se de que os objetivos e resultados esperados sejam claros para você e para a pessoa a quem você está delegando.

2. **Escolha as Tarefas Adequadas:**

   - Identifique tarefas que são apropriadas para serem delegadas e que possam ser realizadas por membros da sua equipe.

3. **Avalie as Habilidades da Equipe:**

   - Conheça as habilidades, experiências e pontos fortes individuais dos membros da equipe para atribuir as tarefas mais adequadas a cada um.

4. **Defina os Limites:**

   - Comunique as expectativas, prazos, padrões de qualidade e quaisquer restrições que se apliquem à tarefa delegada.

5. **Dê Autonomia:**

   - Permita que a pessoa escolhida execute a tarefa à sua maneira, dando espaço para criatividade e abordagens diferentes.

6. **Comunique-se de Forma Clara:**

   - Explique a tarefa detalhadamente, respondendo a quaisquer perguntas e garantindo que o entendimento seja mútuo.

7. **Ofereça Suporte:**

- Esteja disponível para fornecer orientações e apoio sempre que necessário, mas evite micromanagement.

8. **Estabeleça um Plano de Acompanhamento:**

   - Defina pontos de verificação para monitorar o progresso e fornecer feedback ao longo do processo.

9. **Celebre Conquistas e Aprendizados:**

   - Reconheça e celebre os sucessos alcançados, proporcionando um ambiente positivo e incentivando a motivação da equipe.

10. **Aceite Erros e Promova Aprendizado:**

    - Se ocorrerem erros, use-os como oportunidades de aprendizado, incentivando a resolução de problemas e a melhoria contínua.

11. **Delegue Progressivamente:**

    - Comece delegando tarefas menores e, gradualmente, aumente a complexidade das tarefas à medida que a confiança na equipe cresce.

12. **Fomentar a Tomada de Decisão:**

    - Incentive a equipe a tomar decisões dentro do escopo da tarefa delegada, promovendo o senso de responsabilidade.

13. **Feedback Construtivo:**

    - Forneça feedback regular para destacar pontos fortes e identificar áreas de melhoria, contribuindo para o desenvolvimento pessoal.

14. **Avalie o Desempenho:**

    - Após a conclusão da tarefa, avalie o desempenho da equipe, identificando o que funcionou bem e o que pode ser melhorado.

15. **Aprenda a Delegar Estrategicamente:**

- Reserve tempo para planejar quais tarefas delegar, levando em consideração o desenvolvimento da equipe e os objetivos organizacionais.

A delegação eficaz não apenas alivia a carga de trabalho do líder, mas também desenvolve as habilidades e a confiança da equipe, aumentando a produtividade e a eficácia geral. Lembre-se de que a delegação é um processo contínuo e dinâmico que requer prática e ajustes ao longo do tempo.

A negociação e a resolução de conflitos são habilidades essenciais para líderes e gestores, pois ajudam a alcançar acordos eficazes, construir relacionamentos saudáveis e promover um ambiente de trabalho produtivo. Aqui estão algumas orientações sobre como desenvolver essas habilidades:

Negociação:

1. **Prepare-se Adequadamente:**

   - Antes de entrar em uma negociação, pesquise e compreenda as necessidades e interesses de todas as partes envolvidas.

2. **Estabelcça Objetivos Claros:**

   - Defina objetivos específicos e realistas para a negociação, identificando o que você espera alcançar.

3. **Escute Atentamente:**

   - Ouça atentamente as preocupações e perspectivas das outras partes, demonstrando empatia e entendimento.

4. **Comunique-se de Forma Eficaz:**

   - Comunique seus pontos de vista de maneira clara e lógica, enfatizando os benefícios mútuos de um acordo.

5. **Busque Soluções Criativas:**

   - Explore diferentes opções e soluções para atender às necessidades de todas as partes envolvidas.

6. **Seja Flexível e Aberto a Compromissos:**

   - Esteja disposto a fazer concessões e encontrar um equilíbrio que seja aceitável para todas as partes.

7. **Crie um Ambiente de Ganha-Ganha:**

- Procure por soluções que beneficiem todas as partes, em vez de se concentrar apenas em ganhar a negociação.

8. **Mantenha a Calma e o Controle Emocional:**

   - Mantenha a calma mesmo diante de desafios ou resistência, evitando reações emocionais que possam prejudicar a negociação.

9. **Use Táticas de Persuasão Éticas:**

   - Utilize argumentos sólidos e baseados em fatos para persuadir as outras partes, evitando táticas manipulativas.

10. **Feche o Acordo e Formalize os Termos:**

   - Uma vez alcançado o acordo, certifique-se de que os termos sejam claros e registrados por escrito.

Resolução de Conflitos:

1. **Identifique o Conflito:**

   - Reconheça e compreenda a natureza do conflito, incluindo as causas subjacentes.

2. **Mantenha a Comunicação Aberta:**

   - Incentive as partes envolvidas a compartilhar suas perspectivas e preocupações de maneira aberta e respeitosa.

3. **Analise as Causas Raízes:**

   - Identifique as causas raízes do conflito, buscando entender as questões subjacentes que o estão alimentando.

4. **Promova a Empatia:**

   - Encoraje as partes a se colocarem no lugar uma da outra, desenvolvendo empatia e compreensão mútua.

5. **Envolva um Mediador Neutro:**

- Se necessário, recorra a um mediador imparcial para facilitar a comunicação e ajudar a encontrar soluções.

6. **Busque Soluções Colaborativas:**

- Procure por soluções que atendam às necessidades de todas as partes, criando um ambiente de colaboração.

7. **Estabeleça Compromissos e Acordos:**

- Ajude as partes a concordarem com soluções específicas e compromissos para resolver o conflito.

8. **Monitoramento e Acompanhamento:**

- Verifique regularmente se as soluções estão sendo implementadas e se o conflito foi resolvido de maneira satisfatória.

9. **Promova um Ambiente de Respeito:**

- Crie uma cultura organizacional que valorize a comunicação respeitosa e a resolução construtiva de conflitos.

10. **Aprenda com o Conflito:**

- Use o conflito como uma oportunidade de aprendizado e crescimento, implementando medidas para evitar conflitos semelhantes no futuro.

Lembrando que tanto a negociação quanto a resolução de conflitos requerem prática e aprimoramento contínuos. Desenvolver essas habilidades pode levar tempo, mas os benefícios para a sua equipe e organização são inestimáveis.

Técnicas de Motivação

Motivar uma equipe é fundamental para alcançar um alto desempenho e um ambiente de trabalho positivo. Aqui estão algumas técnicas de motivação que você pode usar:

1. Estabeleça Objetivos Claros e Alcançáveis:

- Defina metas específicas e realistas para a equipe, fornecendo um senso de propósito e direção.

2. Reconhecimento e Recompensas:

- Reconheça e recompense o bom desempenho e conquistas individuais e coletivas.

3. Feedback Construtivo:

- Forneça feedback regular e construtivo, destacando o que está indo bem e onde há oportunidades de melhoria.

4. Oportunidades de Desenvolvimento:

- Ofereça treinamentos e oportunidades de desenvolvimento profissional para que os membros da equipe se sintam valorizados e cresçam em suas carreiras.

5. Autonomia e Empoderamento:

- Delegue responsabilidades e dê aos membros da equipe a oportunidade de tomar decisões, o que pode aumentar seu senso de propriedade e motivação.

6. Comunicação Transparente:

- Mantenha uma comunicação aberta sobre objetivos, progresso e desafios, para que todos estejam alinhados e informados.

7. Reconheça as Contribuições Individuais:

- Valorize as habilidades e talentos únicos de cada membro da equipe e demonstre apreço por suas contribuições.

8. Crie um Ambiente Positivo:

- Promova um ambiente de trabalho positivo, onde os membros da equipe se sintam apoiados, respeitados e ouvidos.

9. Desafios e Variedade:

- Ofereça tarefas interessantes e desafios que mantenham a equipe engajada e motivada.

10. Incentive a Colaboração:

- Promova a colaboração entre os membros da equipe, para que eles se sintam parte de um grupo coeso e motivado.

11. Liderança Exemplar:

- Seja um exemplo de dedicação, ética de trabalho e atitude positiva para inspirar a equipe.

12. Celebração de Conquistas:

- Celebre marcos e conquistas, tanto grandes quanto pequenos, para destacar o progresso e a importância do trabalho em equipe.

13. Plano de Incentivos:

- Crie um plano de incentivos com recompensas tangíveis, como bônus, folgas ou outras vantagens.

14. Envolva a Equipe na Tomada de Decisões:

- Permita que a equipe participe das decisões que afetam seu trabalho, proporcionando um senso de pertencimento e responsabilidade.

15. Cultive um Sentimento de Propósito:

- Mostre como o trabalho da equipe contribui para metas maiores e impacta positivamente a organização ou a comunidade.

Lembre-se de que diferentes abordagens podem ser mais eficazes para diferentes pessoas e situações. Portanto, é importante ser flexível e adaptar as técnicas de motivação de acordo com as necessidades individuais e da equipe. Além disso, ouvir e envolver os membros da equipe na criação de um ambiente motivador pode aumentar significativamente o seu impacto.

Feedback e Avaliação de Desempenho

Dar feedback e realizar avaliações de desempenho de forma eficaz é crucial para o desenvolvimento da equipe e o sucesso organizacional. Aqui estão alguns passos para realizar feedback e avaliações de desempenho de maneira eficaz:

1. Preparação:

- Antes da avaliação, reúna informações sobre o desempenho do funcionário, incluindo realizações, metas alcançadas e áreas de melhoria.

2. Defina Expectativas Claras:

- Certifique-se de que os funcionários compreendam as expectativas de seu papel e responsabilidades desde o início.

3. Abordagem Regular:

- Realize feedback de forma contínua, ao longo do ano, para que não haja surpresas durante a avaliação formal.

4. Mantenha uma Abordagem Positiva:

- Enfatize os aspectos positivos do desempenho do funcionário antes de abordar áreas que precisam de melhoria.

5. Seja Específico:

- Forneça exemplos específicos de situações, comportamentos ou projetos que ilustrem os pontos que você está discutindo.

6. Use uma Abordagem Construtiva:

- Concentre-se em identificar soluções e maneiras de melhorar, em vez de apenas apontar falhas.

7. Ouça Atentamente:

- Dê a oportunidade ao funcionário de expressar sua perspectiva e opiniões sobre seu próprio desempenho.

8. Estabeleça Metas:

- Defina metas claras e mensuráveis para o próximo período e discuta como alcançá-las.

9. Ofereça Suporte:

- Identifique recursos e treinamentos que possam ajudar o funcionário a melhorar.

10. Dê Feedback Regularmente:

- Forneça feedback contínuo, não apenas durante as avaliações formais. Isso ajuda os funcionários a melhorarem constantemente.

11. Evite Comparação entre Funcionários:

- Evite comparar o desempenho de um funcionário com o de outros. Concentre-se nas metas individuais.

12. Utilize uma Abordagem Balanceada:

- Equilibre feedback positivo e áreas de melhoria para fornecer uma visão completa do desempenho.

13. Utilize uma Abordagem 360 Graus:

- Considere a perspectiva de colegas de trabalho, subordinados e outros membros da equipe ao fornecer feedback.

14. Crie um Plano de Desenvolvimento:

- Trabalhe com o funcionário para criar um plano de desenvolvimento pessoal que inclua objetivos e ações específicas.

15. Seja Flexível:

- Adapte sua abordagem de acordo com a personalidade e as necessidades individuais de cada funcionário.

16. Documente o Feedback:

    - Mantenha registros escritos do feedback e das avaliações para referência futura.

17. Acompanhamento:

    - Agende reuniões de acompanhamento para revisar o progresso do funcionário e ajustar metas conforme necessário.

Lembre-se de que o feedback e a avaliação de desempenho devem ser uma via de mão dupla, onde o funcionário também tem a oportunidade de compartilhar seus pontos de vista e opiniões. Além disso, uma abordagem positiva e de desenvolvimento pode contribuir para um ambiente de trabalho motivador e produtivo.

Gestão do Tempo

A gestão do tempo é fundamental para aumentar a produtividade, reduzir o estresse e melhorar a eficiência. Aqui estão algumas dicas e técnicas para ajudá-lo a fazer uma gestão eficaz do tempo:

1. Defina Objetivos Claros:

- Estabeleça metas e objetivos específicos para o que você deseja alcançar em um determinado período.

2. Priorize Tarefas:

- Identifique as tarefas mais importantes e urgentes e priorize-as com base em sua importância e impacto.

3. Utilize a Técnica Pomodoro:

- Trabalhe por um período de 25 minutos (um "pomodoro") e depois faça uma pausa de 5 minutos. Repita esse ciclo.

4. Liste as Tarefas:

- Faça uma lista de tarefas diárias ou semanais para manter o foco e garantir que nada seja esquecido.

5. Use Ferramentas de Gestão de Tarefas:

- Utilize aplicativos de gerenciamento de tarefas, como Trello, Asana ou Todoist, para acompanhar e organizar suas atividades.

6. Delegue Tarefas:

- Se possível, delegue tarefas menos importantes para liberar tempo para tarefas mais cruciais.

7. Evite a Multitarefa:

- Concentre-se em uma tarefa de cada vez para aumentar a eficiência e a qualidade do trabalho.

8. Defina Prazos Realistas:

- Estabeleça prazos realistas para cada tarefa e comprometa-se a cumpri-los.

9. Elimine Distrações:

- Desligue notificações de dispositivos, coloque o telefone no modo silencioso e elimine distrações para se concentrar no trabalho.

10. Use Blocos de Tempo:

- Agrupe tarefas semelhantes e realize-as em blocos de tempo dedicados.

11. Pratique o "Eisenhower Matrix":

- Classifique as tarefas em quatro categorias: importante e urgente, importante mas não urgente, urgente mas não importante, nem urgente nem importante.

12. Aprenda a Dizer Não:

- Não aceite mais tarefas do que consegue realizar. Saiba dizer não de maneira educada quando necessário.

13. Evite a Procrastinação:

- Comece pelas tarefas mais difíceis ou desafiadoras e evite adiar o trabalho.

14. Organize o Espaço de Trabalho:

- Mantenha o local de trabalho organizado para evitar distrações e facilitar o acesso aos materiais necessários.

15. Faça Pausas:

- Tire intervalos regulares para descansar e recarregar a mente. Pausas curtas podem melhorar a produtividade.

16. Avalie e Ajuste:

- Regularmente, avalie sua gestão do tempo e faça ajustes conforme necessário.

17. Cuide da Saúde:

- Durma bem, mantenha uma dieta equilibrada e pratique atividade física para manter sua energia e foco.

Lembre-se de que a gestão do tempo é uma habilidade que requer prática e ajustes contínuos. Encontrar as técnicas e estratégias que funcionam melhor para você é fundamental para aumentar sua produtividade e equilíbrio entre trabalho e vida pessoal.

As técnicas de coaching são ferramentas poderosas para desenvolver habilidades, alcançar metas e promover o crescimento pessoal e profissional. Aqui estão algumas etapas para aplicar técnicas de coaching de forma eficaz:

1. Estabeleça um Objetivo Claro:

- Comece definindo um objetivo claro e específico que o coachee (a pessoa que está sendo treinada) deseja alcançar. O objetivo deve ser mensurável e alcançável.

2. Crie um Ambiente de Confiança:

- Estabeleça um relacionamento de confiança e empatia com o coachee. Crie um ambiente seguro onde ele possa compartilhar abertamente suas aspirações e desafios.

3. Escuta Ativa:

- Pratique a escuta ativa, prestando total atenção ao que o coachee está dizendo, fazendo perguntas abertas para entender profundamente sua perspectiva.

4. Faça Perguntas Poderosas:

- Use perguntas abertas e reflexivas para ajudar o coachee a explorar seus pensamentos, sentimentos e objetivos. Perguntas como "O que você gostaria de alcançar?", "Como você se sente em relação a isso?" e "Quais são as opções que você considerou?" são úteis.

5. Defina Ações e Metas:

- Juntamente com o coachee, identifique ações específicas que ele pode realizar para atingir seu objetivo. Divida essas ações em metas menores e mensuráveis.

6. Planejamento e Estratégia:

- Ajude o coachee a criar um plano detalhado para alcançar suas metas. Isso pode envolver a definição de prazos, recursos necessários e estratégias para lidar com possíveis obstáculos.

7. Acompanhamento e Responsabilização:

- Acompanhe regularmente o progresso do coachee em relação às metas e ações definidas. Mantenha-o responsável por suas ações e incentive-o a manter o compromisso.

8. Feedback Construtivo:

- Forneça feedback honesto e construtivo sobre o desempenho e o progresso do coachee. Reconheça seus sucessos e identifique áreas de melhoria.

9. Estímulo e Motivação:

- Mantenha o coachee motivado, lembrando-o dos benefícios de alcançar seus objetivos. Celebre pequenas vitórias ao longo do caminho.

10. Flexibilidade e Adaptação:

- Esteja disposto a ajustar o plano conforme necessário à medida que o coachee progride e novos insights surgem.

11. Encerramento:

- Conclua o processo de coaching revisando o progresso alcançado, celebrando conquistas e discutindo como o coachee pode continuar a aplicar o que aprendeu.

Lembre-se de que o coaching é uma abordagem colaborativa, centrada no coachee. O coach (você) atua como facilitador, guiando o coachee para encontrar suas próprias soluções e alcançar seus objetivos. Cada sessão de coaching deve ser personalizada de acordo com as necessidades, objetivos e estilo de aprendizado do coachee.

As técnicas de apresentação são essenciais para transmitir informações de forma eficaz e envolvente para uma audiência. Aqui estão algumas etapas para criar e entregar uma apresentação bem-sucedida:

1. Defina Seu Objetivo:

- Comece definindo claramente o objetivo da sua apresentação. O que você deseja que sua audiência saiba ou faça depois de ouvir sua apresentação?

2. Conheça Sua Audiência:

- Entenda quem é sua audiência e adapte sua apresentação ao seu nível de conhecimento, interesses e necessidades.

3. Estruture sua Apresentação:

- Divida sua apresentação em seções lógicas, como introdução, desenvolvimento e conclusão. Use uma estrutura como a do "início, meio e fim" para manter a clareza.

4. Crie um Roteiro:

- Elabore um roteiro detalhado que inclua pontos-chave, exemplos e histórias relevantes. Isso ajudará a manter sua apresentação fluindo de forma coerente.

5. Desenvolva Slides Visualmente Atraentes:

- Use slides com design limpo, fontes legíveis e imagens relevantes. Evite o excesso de texto e mantenha o foco em elementos visuais que complementem sua fala.

6. Utilize Técnicas de Oratória:

- Pratique habilidades de fala, como volume, tom, velocidade e pausas adequadas. Varie sua entonação para manter a atenção da audiência.

7. Conte uma História Cativante:

- Comece sua apresentação com uma história relevante ou uma anedota que atraia a atenção e estabeleça conexões emocionais.

8. Use Linguagem Clara e Concisa:

- Evite jargões técnicos em excesso e use uma linguagem simples e acessível. Evite informações desnecessárias.

9. Mantenha o Contato Visual:

- Olhe para sua audiência enquanto fala e mantenha contato visual com diferentes partes da sala. Isso demonstra confiança e envolvimento.

10. Pratique a Expressão Corporal:

- Use gestos naturais e expressões faciais para enfatizar pontos-chave. Evite movimentos excessivos ou gestos que possam distrair.

11. Interaja com a Audiência:

- Faça perguntas à audiência, peça feedback ou incentive a participação para manter o envolvimento e o interesse.

12. Gerencie o Tempo:

- Certifique-se de que sua apresentação se encaixa no tempo designado. Evite estender-se demais em uma seção e deixar pouco tempo para outras.

13. Conclusão Impactante:

- Encerre sua apresentação reforçando os principais pontos e oferecendo uma conclusão memorável.

14. Prepare-se e Pratique:

- Pratique sua apresentação várias vezes para se familiarizar com o conteúdo e o fluxo. Ensaiar ajuda a reduzir nervosismo.

15. Receba Feedback:

- Peça feedback honesto de colegas ou mentores para melhorar sua apresentação antes de entregá-la à audiência.

Lembre-se de que a prática é fundamental para aprimorar suas habilidades de apresentação. Quanto mais você praticar e se aperfeiçoar, mais confiança terá ao falar em público e mais eficaz será ao transmitir sua mensagem.

CONCLUINDO

Abordamos diversos tipos de softskills, ferramentas e conhecimento que um bom Líder precisa para se destacar e obter sucesso em seu trabalho.

Mais uma vez, isso é um manual, um "check-list" que você pode usar tanto nos estudos de aprofundamento quanto no dia a dia para ter um guia de como você pode iniciar sua jornada.

Obviamente você precisa de bom senso e não necessariamente seguir à risca, porém se comprometer e identificar as situações em que são necessárias a aplicação desses conhecimentos.

Eu lhe garanto uma coisa, estudando e dominando todos os itens que abordei aqui, você com certeza será um Líder infinitamente melhor do que antes de obter esses conhecimentos. Não seja medíocre, medíocre é ser mediano, nem quente e nem frio, morno e sem graça, lute para ser excepcional, lute para ser extraordinários, surpreender quem olhar ou fizer parte de seu trabalho, seu legado, compartilhe conhecimento, pense sempre positivo, impossível não existe e você irá chegar onde quiser tendo como limite os seus próprios sonhos.

Uma vez ouvi: Mire nas estrelas, pois se errar pelo menos acertará na Lua.

Obrigado e sucesso, lembre-se de avaliar 5 estrelas se este livro te ajudou.

www.ingramcontent.com/pod-product-compliance
Lightning Source LLC
Chambersburg PA
CBHW050740260726
48661CB00001B/326